Beiträge zur Bildungsgesundheit – Band 7

Marion Müller, Norman Pörschmann

Verbale Aspekte Wertschätzender Kommunikation im Kindergarten

Ein Handbuch

auf der Basis der Gewaltfreien Kommunikation nach Marshall Rosenberg

Empathie-Schule 1
(Fokus: Verbale Kommunikation)
„Vom Körper in den Kopf"

Schibri-Verlag   Berlin • Milow • Strasburg

2. Auflage

Bestellungen über
den Buchhandel
oder direkt beim Verlag

© 2012^2 by Schibri-Verlag
Dorfstraße 60
17337 Uckerland OT Milow
E-Mail: info@schibri.de
http://www.schibri.de

ISBN 978-3-937895-88-8

Inhaltsverzeichnis

Vorwort des Herausgebers (Marcus Stück)

1. Prolog

Ohne eine wertschätzende Kommunikation zwischen Pädagogen und Kindern, Kindern und ihren Eltern sowie den Pädagogen untereinander ist eine gesunde Bildung nicht möglich. Das Thema dieses Buches stützt sich auf diese wichtige Tatsache und unterstreicht die fundamentale Bedeutung für pädagogische Bildungsprozesse in Kindertagesstätten und Schulen. In diesem Prolog des Herausgebers soll das Thema „Wertschätzende Kommunikation" in die relevanten Theorien zur „Frühen Bildung" und als verbal-reflexiver Beitrag in das Projekt „Empathie-Schule" eingeordnet werden.

1.1 Selbstbildung auf Grundlage wechselseitiger Anerkennung

Bildung ist nach dem Verständnis der Bildungspläne „Frühe Bildung" vorrangig Selbstbildung. In Abgrenzung dazu beschreibt *Erziehung* die Bereitstellung entsprechender Stimuli von außen, die von den Erfahrungen der Erzieher abhängen. Je dominanter der Erzieher sich jedoch selbst in diesen Rahmen einbringt, indem er z. B. Lernziele vorgibt, umso weniger kann sich das Kind selbst bilden. Es wird sich an die konstruierte Welt des Erwachsenen anpassen und eigene Bildungsprozesse vernachlässigen. Eine freie Entfaltung der Persönlichkeit und die Entdeckung der Welt in ihrer Vielfältigkeit wird dem Kind nicht mehr ermöglicht. Vielmehr wird ihm vordiktiert, wie es sich verhalten soll, ohne die Möglichkeit, dieses Verhalten hinterfragen zu können. Die Wertschätzung der kindlichen Persönlichkeit ist somit in Frage zu stellen. Es ist deshalb notwendig, dass „Selbst"-Bildung und Erziehung, also die Bereitstellung eines lern- und kindgerechten Rahmens, in einer guten Balance zueinander stehen. *Selbstreflexion* ist dabei Ziel wie auch Chance, um der Definition von Bildung – nämlich der Selbstbildung – gerecht zu werden. Der Begriff Erzieher ist nach dieser Argumentation irreführend und müsste eigentlich „Ermöglicher" heißen. Das Ermöglicherkonzept wurde in früheren fachlichen Diskursen bereits erörtert (Stück, 2004). Ein erfolgreiches „Ermöglichen" der Lösungen des Kindes ist nur auf der Basis von Empathie und Liebe möglich, was eine gewaltlose Kommunikation unbedingt mit einschließt. In den Bildungsplänen taucht hier richtigerweise der Begriff der wechselseitigen Anerkennung auf, die Selbstbildung erst ermöglicht. Huber und Brunner (1989)[1] beschreiben die Entstehung von Lern- und Verhaltensstörungen durch Defizite in der Kommunikation zwischen Pädagogen, Eltern und Kindern. Im Kita-Bereich werden Selbstbildungsprozesse auf Grundlage Wertschätzender Kommunikation mit wechselseitiger Anerkennung gefordert und sind in den Bildungsplänen verankert. Wie Praxisbeobachtungen immer wieder zeigen, gelingt dieser Kommunikationsstil selten und kommt im Kita-Alltag kaum zum Tragen. Zu oft sind machtorientierte Kommunikationsmuster zu beobachten. Beispielhaft sind hier vor allem zu nennen: rigides Erzieherverhalten, Manipulationen, starres Durchsetzungsverhalten, asymmetrische Kommunikation, nicht Zuhören. Einige Grundlagen zur Selbstbildung mit *wechselseitiger Anerkennung* sind in Tafel 1 beschrieben[2].

1.2 Empathie als Voraussetzung für konstruktivistische Bildungsprozesse

Nur die Fähigkeit zur Empathie ermöglicht konstruktivistische Bildungsprozesse bzw. das „Anlehnen" an die Konstruktion von Kindern. Empathie kann als Einfühlungsvermögen übersetzt werden. In dem vorliegenden Programm von Müller und Pörschmann wird v. a. auf die Entwicklung des Einfühlungsvermögens mit dem Fokus

---

1 Brunner. E. J. & Huber, G. L. (1989). *Interaktion und Erziehung.* München: PVU.
2 Stück, M. (2009). *Forscher, Künstler – und Erzieher?* Frühe Bildung auf dem Prüfstand. Schibri-Verlag, Strasburg.

der verbal-reflexiven Ausdrucksfähigkeit und dem Erkennen und Benennen eigener bzw. fremder Gefühle und Bedürfnisse Wert gelegt. Deshalb wird diese Ausgabe der Reihe „Beiträge zur Bildungsgesundheit" *Empathie-Schule 1* (Fokus: Verbale Kommunikation) genannt. In einem weiteren Band mit dem Titel *Empathie-Schule 2* wird der Fokus auf die nonverbale Ausdrucksfähigkeit und dem Erkennen von Gefühlen und Bedürfnissen bzw. der nonverbalen Begegnungsfähigkeit im Feedback gelegt[3] („Empathie-Schule 2"[4])

---

1. Emotionale Zuwendung
- Gefühlsband zwischen Kind und Be-zugsperson
- vorbehaltlose Annahme meiner Person unter Wahrung eines gesundes Maßes von Nähe und Distanz
- spüren von Verlässlichkeit und Ein-fühlungsvermögen

↓

Entwicklung von Selbstvertrauen/ Ur-Vertrauen

2. Zuerkennung gleicher Rechte
- prinzipielle Anerkennung der Gleichbe-rechtigung
- Zugeständnis autonom und eigenstän-dig zu handeln
- Achtung durch andere
- aushandeln von Entscheidungen/ Ver-einbarungen treffen

↓

Entwicklung von Selbstachtung

3. Soziale Wertschätzung
- setzt gemeinsames Werteverständnis voraus (man verfolgt etwas Ähn-liches)
- eigene Leistung wird als wertvoll anerkannt
- eigene Fähigkeiten werden für die Gemeinschaft eingesetzt

↓

Entwicklung von Selbstwertgefühl

Erkenntnis: Nur wer sich anerkannt fühlt, kann auch anerkennen.
Ich fühle mich nur "echt" anerkannt, wenn man mich anerkennt und wertschätzt, den ich wertschätze.

Tafel 1: Ebenen wechselseitiger Anerkennung als notwendige Voraussetzung für die Entwicklung einer eigenen Identität

---

3 Stück, M. & Villegas, A. (2010). Nonverbale Aspekte Wertschätzender Kommunikation im Kindergarten auf der Basis des Bio-zentrischen Bildungsparadigmas (Biodanza) nach Rolando Toro. Schibri-Verlag, Strasburg (in press) UND Stück, M., Villegas, A.; Luzzi, C.; Toro, R. (2010). Tanzorientiertes Programm mit Biodanza für Kinder (TANZPRO-Biodanza® für Kinder). Schibri-Verlag, Strasburg (in press).

4 Die Idee der ganzheitlichen Empathie-Schule, die in den vorliegenden Bänden 7 und 8 für Kindertagesstätten realisiert wird (s. www.schibri.de), wurde u. a. durch den Leipziger Bewusstseinsforscher Roger Schaumberg im Rahmen einer Leipziger Vorle-sungsreihe im Zentrum für Bildungsgesundheit im Jahre 2005 zum Thema „Holistisches Bewusstsein: An der Schwelle zur Neuen Kultur" angestoßen und welcher dort die Vision einer „Liebesschule" entwickelte. Auch Raul Terren initiierte eine ähnliche Vision in einem Vortrag während der ersten Phase der Biodanza-Evaluation an der Freien Universität Buenos Aires (s. Stück, Villegas, 2008), indem er vorschlug das Fach „Liebe" in die Ausbildung von Medizinern und Psychologen zu integrieren.

Abb. 1: *Integration des Konzepts der Selbstbildung mit wechselseitiger Anerkennung (Bildungsplan „Frühe Bildung"), der Gewaltfreien Kommunikation (M. Rosenberg) und des Biozentrischen Bildungsparadigmas – Biodanza (Rolando Toro) in ein Integratives Empathie-Modell „Wertschätzende Kommunikation – Empathie-Schule" (Logos der Multiplikatoren).*

1.3 Liebe und Empathie als Entwicklungsvoraussetzung für Kinder

Die akademische Welt tut sich schwer damit, Liebe als biopsychosoziale Ganzheit ernst zu nehmen und wissenschaftlich zu untersuchen. Insofern spielt die Würdigung eines liebevollen und empathischen Umgangs mit Kindern auch in den Bildungsplänen und deren Qualitätsmessinstrumenten pädagogischer Prozesse eine eher untergeordnete Rolle. Erste Ansätze sich diesem komplexen Konstrukt zu nähern, sind jedoch zu beobachten. So fasste der Mediziner Dean Ornish[5] verschiedene Veröffentlichungen zu existierenden wissenschaftlichen Studien zu diesem Thema zusammen. Becker[6] entwickelte in dem Trierer Persönlichkeitsfragebogen eine Skala zur Liebesfähigkeit. Die Untersuchungen von Stück[7] stellen den Zusammenhang zwischen der Fähigkeit zu lieben und des körperlichen Stressparameters der Hypersensibilität bei Lehrern her. Je entspannter Lehrer in dieser Studie waren, desto liebesfähiger waren sie auch. Ebenso wurde ein Missverhältnis zwischen dysregulativen Stresseinstellungen und der Liebesfähigkeit festgestellt. Für Toro[8] (1995) ist Liebe ein Naturgesetz. Für Maturana ist Liebe die Fähigkeit, die Negentrophie (Stillstand) zu beenden. Er beschreibt in seinem Buch „Liebe und Spiel" die absichtslose Präsenz des Erziehers und seine Empathie und Liebesfähigkeit als die „Vergessenen Grundlagen des Menschseins" (Maturana, 2005)[9]. Im Zeitalter des Qualitätsmanagements, des rationalen Messens und Wiegens pädagogischer Prozesse wurde dieses Dilemma in einem „Positionspapier zur Frühen Bildung" thematisiert und öffentlich gemacht[10].

5　Dean Ornish (1998). Love and Survival: The Scientific Basis for the Healing Power of Intimacy. Har-perCollins Publishers.

6　Becker, P. (1989). Trierer Persönlichkeitsfragebogen (TPF). Hogrefe Verlag, Göttingen,

7　Stück, M.; Sonntag, A.; Balzer, H.-U.; Glöckner, N.; Rigotti, Th.; Schönichen C. & Hecht K. (2005). Hypersensibilitätszustände der elektrodermalen Aktivität und Belastungserleben im Lehrerberuf. Psychomed, 17 (2), 109–114.

8　Toro, R. (1995). The theory of Biodanza. Unpublished Materials of School of Biodanza Leipzig (*www.biodanzaschule-leipzig.de*) p. 60.

9　Maturana, H. und Verden-Zöller G. (2005). „Liebe und Spiel – Die vergessenen Grundlagen des Menschseins". Auer Verlag, Donauwörth, 4. Auflage.

10　Stück, M. (2007). Wie ein Hamster im Laufrad. Überforderungen im ErzieherInnenberuf. Steht das Kind noch im Mittelpunkt früher Bildung. Positionspapier, siehe *www.bildungsgesundheit.de.*

Besser untersucht und eingegrenzt ist das Konzept der Empathie[11]. In dem vorliegenden Buch wird deswegen auch der Haupttitel Empathie-Schule eingeführt. So beschäftigen sich Kunzmann et al.[12] an der Universität Leipzig verstärkt mit der Frage, ob sich Altersunterschiede in der Empathie durch motivationale Faktoren erklären lassen und inwieweit sich das Zusammenspiel von kognitiven (empathische Akkuratheit) und emotionalen (Gefühlskongruenz) Komponenten der Empathie über das Erwachsenenalter hinweg verändert. Untersuchungen zu Spiegelneuronen lassen zwischen dem Nachahmungsverhalten und der Fähigkeit zur Empathie einen Zusammenhang vermuten.[13] Der Verhaltensforscher und Zoologe de Waal[14] sieht in der menschlichen Fähigkeit zur Empathie den Teil unseres evolutionären Erbes, auf dem die Voraussetzungen zu sozialem und moralischem Verhalten gründen.

Durch die Ausdrucksfähigkeit und das Erkennen eigener Bedürfnisse und Gefühle wird v. a. die Kommunikation zwischen Erzieher und Kindern optimiert. Für Toro ist Mitgefühl nicht einfach nur das Mitfühlen mit einem anderen Menschen, sondern zeigt sich v. a. in seinem TUN[15]. Er stützt sich bei seinen Aussagen auf die Santiago-Theorie der Kognition (Varela, Maturana), die besagt, dass Informationsaufnahme und Verarbeitung keine internen passiven Prozesse per se darstellen, sondern primär in der Handlung sichtbar werden und nur dabei integriert werden können.[16] Weitere Kognitionspsychologen bezeichnen dieses Konzept als „verkörperlichte Kognition" (embodied cognition, Anderson, 2003[17]). Viele Übungen in diesem Buch sollen Kinder und ihre ErzieherInnen bzw. Eltern in das aktive empathische Tun bringen, um die *Wertschätzende Kommunikation* auch wirklich zu verinnerlichen und in ihrem Alltag zu leben.

1.4 Integriertes Modell ganzheitlicher Empathie-Entwicklung (Stück, Müller, Villegas, 2009)

In einem integrierten Modell ganzheitlicher Empathie-Entwicklung beschreiben Stück, Müller und Villegas (2009) die Notwendigkeit verbal-reflexiver Aktivitäten zum differenzierten Benennen von wahrgenommenen Gefühlen und Emotionen, um gleichzeitig auch Bedürfnisse zu beschreiben und auszudrücken. Je differenzierter und exakter die verbale Benennung von Gefühlswörtern, umso größer ist die Wahrscheinlichkeit, dass dazugehörige Bedürfnisse ausgedrückt und dem anderen mitgeteilt werden können. Stück, Müller und Villegas (2009) nennen es „den Weg vom Körper in den Kopf". Der zweite Weg ist der „vom Kopf in den Körper". Da Gefühle und Bedürfnisse jedoch sehr stark an die körperlichen Reaktionen gebunden sind und diese Erregungszustände erst einmal wahrgenommen werden müssen um benannt werden zu können, ist es zuallererst notwendig, vom „Kopf in den Körper" zu gelangen und körperliche Erregungszustände (Gefühle, Emotionen) zu erleben und zuzulassen bzw. aus ihnen heraus zu handeln, ohne sie zu benennen. Dadurch werden sie nicht sofort durch die Rationalität des Wortes strukturiert, sondern können erst einmal „ohne Worte" erlebt werden.[18] Als Methode zu dieser erlebnisorientierten nonverbalen Gefühls- und Bedürfniswahrnehmung wird Biodanza[19] verwendet.

11 Davis, M. H. (1996). Empathy: A Social-Psychological Approach. Westview. Decety, J., & Ickes, W. (2009). The Social Neuroscience of Empathy. Cambridge: MIT Press.

12 Kunzmann, U. & Richter, D. (in press). Emotional reactivity across the adult life-span: The cognitive pragmatics make a difference. *Psychology and Aging*.

13 Spiegelneurone sind Nervenzellen, die im Gehirn während der Betrachtung eines Vorgangs die gleichen Potenziale auslösen, wie sie entstünden, wenn dieser Vorgang nicht bloß (passiv) betrachtet, sondern (aktiv) gestaltet würde. Diese Zellen wurden vom Italiener Giacomo Rizzolatti und seinen Mitarbeitern 1995 bei Affen im Tierversuch entdeckt.

14 de Waal (2008). Wie die Evolution die Moral hervorbrachte.

15 Toro R. (2002). Biodanza. Editorial: Cuarto Propio. ISBN: 9789562604338.

16 Autopoiesis and Cognition (Humberto Maturana und Francisco J. Varela, 1980).

17 Anderson, M. L. (2003). Embodied cognition: A field guide. *Artificial Intelligence*, 149, 91–130.

18 Garcia (1999) beschreibt in seinem Buch „Erleben als Therapie" die Bedeutung des Erlebnisses ohne Worte und damit die Möglichkeit ein neues Gefühl zu erleben, ohne es in vorhandene begriffliche Kategorien einzuordnen und damit zu zerstören.

19 Biodanza ist eine bewegungsorientierte Methode, die v. a. den Tanz als Ausdrucksform nutzt. Wurde von Rolando Toro in Südamerika entwickelt.

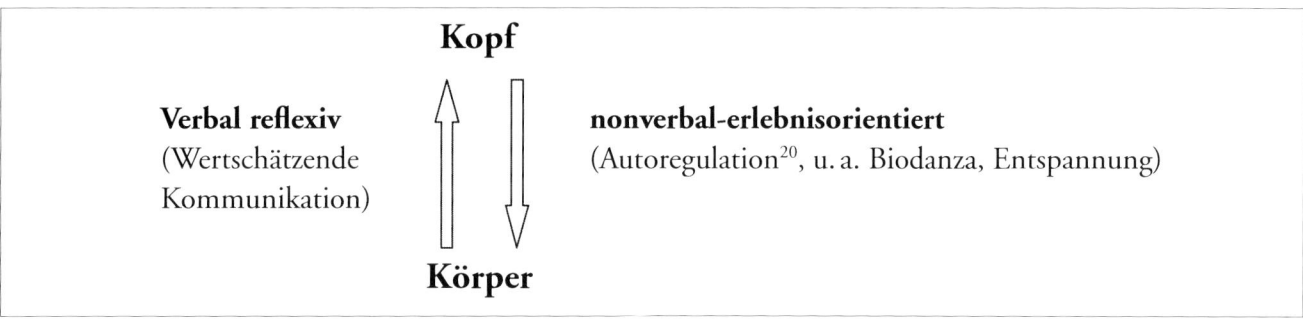

Abb. 2: *Integriertes Modell ganzheitlicher Empathie-Entwicklung.*

Die Praxis-Umsetzung dieses Modells wird für Kindertagesstätten in zwei Praxis-Handbüchern beschrieben.
- Verbale Aspekte der wertschätzenden Kommunikation (Abb. 3)
- Nonverbale Aspekte der wertschätzenden Kommunikation (Abb. 4)

Seit 2008 gibt es bereits eine Reihe von Kursleitern, die mit WK® in Kindertagesstätten erfolgreich arbeiten. WK® wurde dabei als Möglichkeit des Gefühls- und Bedürfnisausdrucks und des gewaltlosen Kommunikationsstils in die Bildungspläne der entsprechenden Bundesländer eingeordnet, nach denen ErzieherInnen seit einigen Jahren arbeiten.[21] Im Folgenden soll diese Einordnung nachvollziehbar erläutert werden.

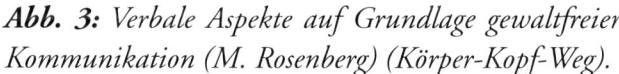

Abb. 3: *Verbale Aspekte auf Grundlage gewaltfreier Kommunikation (M. Rosenberg) (Körper-Kopf-Weg).*

Abb. 4: *Nonverbale Aspekte auf Grundlage des biozentrischen Paradigmas (R. Toro) (Kopf-Körper-Weg).*

---

20 Innere Balance, d.h. Herstellung eines internen Regulationsausgleichs, um Stabilität der Persönlichkeit zu erreichen, die eine Voraussetzung für erfolgreiches externales Handeln bildet (internales Coping; Selbst- bzw. Autoregulation, Verhaltensprävention (Stück, 2008).

21 Infos unter *www.kita-bildungsserver.de.*

1.5 Zusammenhang zwischen den Bildungsbereichen und Wertschätzender Kommunikation (WK®)

WK® für die Kita ist kompatibel mit den Bildungsplänen für Kindertagesstätten zur Förderung kommunikativer, ästhetischer und somatischer Bildungsbereiche (siehe Tafel 2).

Körperliche (somatische) Bildung:
Kindliches Lernen ist maßgeblich an Körpererfahrung gebunden. Dabei spielt die Bewegung eine zentrale Rolle – denn wenn Kinder sich bewegen, bilden sie auch ihre Gefühle. Gesundheit ist mehr als die Abwesenheit von Krankheit. Sie umfasst umfassendes physisches, psychisches und soziales Wohlbefinden und ist damit ebenfalls wichtige Voraussetzung für den Bildungsprozess der Kinder.

Kommunikative Bildung:
Sprache und Schrift sind in unserer Gesellschaft vorherrschende Kommunikationsmedien. Durch Sprache werden Erkenntnisse strukturiert und systematisiert. Doch Kommunikation ist mehr: Sie braucht die Anregung zum Austausch, braucht Voraussetzungen, die spielerisch erworben werden sollten. Es sollte angestrebt werden, dass Sprache spielerisch erworben, mit positiven Gefühlen verbunden und in Bewegung gelernt wird.

Soziale Bildung:
Bildung ist kulturell geprägt und ohne soziale Beziehungen nicht denkbar. Die soziale Erziehung in einer kulturell vielfältigen Gemeinschaft erfordert eine fortlaufende Beschäftigung mit grundlegenden Werten und vermittelt dabei die Erfahrung, dass eigene Rechte und die Verpflichtung zum sozialen Miteinander in Einklang zu bringen sind. Austausch und Kooperation, gegenseitige Achtung und Toleranz sind heute wichtiger denn je. Entwicklung vollzieht sich im Miteinander.

Künstlerische und ästhetische Bildung:
Ästhetische Wahrnehmung und bildnerischer Ausdruck sind eigenständige Wege bei der Auseinandersetzung mit der Wirklichkeit und ihrer Strukturierung. Gestaltungsprozesse sind deshalb immer auch Erkenntnisprozesse. Darüber hinaus fördern sie die Kontaktaufnahme zu den eigenen Gefühlen und Bedürfnissen.

Naturwissenschaftliche Bildung:
Naturwissenschaftliche Beobachtungen und der Umgang mit technischen Dingen und Medien erzeugen Fragen und regen zu Experimenten an. Diese ermöglichen dem Kind, sich selbst in Beziehung zur Welt zu setzen und logische Zusammenhänge spielerisch und neugiergeleitet zu erkennen. Staunen, Faszination und Interesse führen zu einer weltzugewandten, stets neues entdeckenden Haltung.

Mathematische Bildung:
Mathematik hilft dem Kind, die Welt zu ordnen und in der Vielfalt der Erfahrungen zu Verallgemeinerungen zu kommen. Indem das Kind hierfür Begriffe findet, findet es auch Orientierung in der Welt und erfährt Verlässlichkeit, Struktur und logisches Aufeinander-aufbauen.

Tafel 2: Bildungsbereiche des Sächsischen Bildungsplans.

1.6 Zusammenhang zwischen Wertschätzender Kommunikation und Entspannungsverfahren

WK® wurde 2008 erstmals im Rahmen des Projekts FAIRSEIN in einem Leipziger Kindergarten mit 3 bis 6-jährigen Kindern durchgeführt und als standardisiertes Programm evaluiert.
In dem FAIRSEIN-Projekt konnten Wirkungen von WK® bezüglich des Abbaus von körperlichen und verbal-aggressiven Verhaltensweisen und eine entspanntere Tagesbewältigung nachgewiesen werden (Lahm et al, 2009[22]). Es eignet sich v. a. im kombinierten Einsatz mit dem Entspannungstraining mit Yogaelementen für Kinder

---

22 Lahm, B.; Stück, M.; Müller, M.; Neumann, D.; Pörschmann, N.; Mietzsch, B. (2009). „FAIRSEIN". Ansätze zur Förderung von wechselseitiger Anerkennung und Gewaltprävention in Kindertagesstätten. Herausgeber: Zentrum für Bildungsgesundheit, Messedruck Leipzig, 1. Auflage.

(EMYK®), wobei vegetative Spannungszustände abgebaut werden und die Voraussetzungen für Verhaltensänderungen bei Kindern gelegt werden. Einige Wirkungen von Entspannungsmethoden sind in Tafel 3 dargestellt.

Abbildung 5: *Lahm, B.; Stück, M.; Müller, M.; Neumann,D.; Pörschmann, N.; Mietzsch, B. (2009). „FAIRSEIN".* **Ansätze zur Förderung von wechselseitiger Anerkennung und Gewaltprävention in Kindertagestätten.** *Leipzig, 1. Auflage.*

Kurzfristige Wirkungen von Selbstregulationsmethoden	
Physiologisch:	**Psychologisch:**
- neuromuskuläre Veränderungen (Muskeltonus, Reflexe) - kardiovaskuläre Veränderung (Gefäßerweiterungen – Haut, Blutdruck, Puls sinken) - Hautleitfähigkeit sinkt - Atemfrequenz sinkt, Atem gleichmäßiger - Zentralnervöse Veränderungen (hirnelektrische Aktivität)	*Gedanken:* freundliche Gedanken, günstige Selbst- und Fremdwahrnehmung, weniger Bedrohungskognitionen, günstigere Wahrnehmung der eigenen Person und der Umwelt *Gefühle:* Angst sinkt; mehr Gelassenheit; angenehmeres, entspanntes Wohlgefühl; verändertes Zeitgefühl *Verhalten:* gelöstes, leichtes Verhalten; mehr Vitalität, flüssigeres Verhalten, Abgabe von Kontrolle

Tafel 3: *Kurzfristige Wirkungen von Selbstregulationsmethoden (u. a. Vaitl & Petermann, 2004[23], Reschke & Schröder, 2000[24], Stück, 2008[25]).*

Auch für ErzieherInnen ist eine entspannte Tagesbewältigung bedeutsam. Deswegen ist zur Wertschätzenden Kommunikation bzw. Empathieförderung auch Stressreduktion für ErzieherInnen notwendig. Dieses Systembezogene Vorgehen (SYSRED[26]) wurde erstmals im „Starke Wurzel-Projekt – Gesunde Lebensstile im Setting Kita"[27] umgesetzt. Dabei wird neben dem Entspannungstraining für Kinder (EMYK®[28]) auch ein Stressreduktionsprogramm für ErzieherInnen eingesetzt (STRAIMY®[29]). Durch dieses Vorgehen werden sowohl bei Erwachsenen als auch bei Kindern die körperlichen Grundlagen für Empathie gelegt.

Diese Beispiele zeigen, dass für die nachhaltige Umsetzung der WK®-Empathie-Schule ein systemisches Denken der WK®-Kursleiter erforderlich ist. Auf die Grundlagen der Systemtheorie soll im folgenden Punkt eingegangen werden.

---

23 Handbuch der Entspannungsmethoden.

24 Optimistisch den Stress meistern, Stressreduktionsprogramm.

25 Neue Wege: Yoga und Biodanza in der Stressreduktion von Lehrern.

26 Stück, M. (2010). SYSRED – Systembezogene Stressreduktion. Peter Lang (in press), s. Fußnote 34.

27 Ein Projekt der TU Dresden, des GH-Amtes N-Sachsens, der Uni Leipzig, s. *www.starke-wurzeln.de.*

28 Entspannungstraining mit Yogaelementen ist das erste wissenschaftlich evaluierte Kinderyogaprogramm. Es wurde an der Universität Leipzig durch M. Stück im Zeitraum 1994–1997 (als Schulversion) und 2008–2009 als Kita-Version entwickelt. Ziel ist die Verbesserung der Entspannungsfähigkeit bei Kindern (Yogahaltungen, Atemübungen, Massagen, Sensorielle Übungen, Phantasiereisen).

29 Stressreduktionstraining mit Yogaelementen (STRAIMY®), welches an der Universität Leipzig im Zeitraum 1999–2007 entwickelt und evaluiert wurde. Titel des Trainings „Raufkommen ist leicht. Wie komme ich wieder runter? Expedition zum Stressberg" (Stück, 2009, Schibri-Verlag). s. *www.bildungsgesundheit.de.*

Abb. 6: *Durchführung von EMYK® und STRAIMY® in der Kita zur Förderung der Entspannungsfähigkeit sowohl bei Kindern als auch bei ErzieherInnen als Basis für Emphatiefähigkeit?*

1.7 System- und komplexitätstheoretische Grundlagen von WK®-Empathie-Schulen

Die Kita kann als komplexes System betrachtet werden, in denen Eltern, ErzieherInnen, Kinder, Träger, Fachberater und die entsprechenden Rahmenbedingungen miteinander interagieren. Auch die Wahrnehmungsprozesse der Ordnungsprozesse zwischen den einzelnen Ebenen sind sehr unterschiedlich. So empfinden ErzieherInnen Kinder oft als laut und chaotisch, während es für die Kinder eine notwendige und selbst gewählte Ordnung darstellt, die zum Erkenntnisgewinn notwendig ist. Für WK®-Kursleiter gehören die Grundlagen der Chaos- bzw. Komplexitätstheorie zum theoretischen Paradigma ihrer Arbeit (Prigogine, 2000[30]). Die Chaos- bzw. Komplexitätstheorie beschreibt die Veränderungsprozesse in Systemen bzw. Netzwerken, die nichtlinear und im Wechsel von Ordnungs- und Unordnungszuständen zu einer Weiterentwicklung führen (dissipative Zustände[31], siehe Prigogine, 1998).

---

30 Prigogine I. (2000). Die Gesetze des Chaos (Taschenbuch). Insel Taschenbuch.

31 Chaotische Zustände sehen in der Makroebene chaotisch aus. Bei näherem Betrachten lässt sich auf der Mikroebene eine Ordnung im Chaos erkennen.

1.8 Wertschätzende Kommunikation als Teil des Netzwerkes „Entspannte Kindertagesstätten"

Zu den System- und komplexitätstheoretischen Grundlagen von WK® gehört auch die Theorie zu Netzwerken. Stück (2008[32]) definiert auf Grundlage der affektiven[33] Netzwerktheorie (Garcia, 1997) bzw. der Theorie autopoietischer Netzwerke nach Maturana (2002) vier Kriterien für gelingende Netzwerkarbeit:

1. Die Systemmitglieder zeigen empathisches Interesse an der Weiterentwicklung eines anderen Systemmitgliedes,
2. Ermöglichung von Autonomie und Freiheitsgraden
3. Vertrauen und Kontrollabgabe
4. Wertschätzende Kommunikation bzw. wechselseitige Anerkennung.

Vor allem in pädagogischen Feldern, wie z. B. dem komplexen Bildungssystem, in dem durch Interaktion Wechselwirkungen zwischen Erziehern, Kindern und Eltern auftreten, kann es zu Kommunikationsdefiziten und Reibungsverlusten der Systemmitglieder kommen, so dass sich ein Netzwerk gar nicht entwickeln kann. Huber und Brunner (1989[34]) bezeichnen die Symptome und Verhaltensauffälligkeiten bei Kindern als Kommunikationsprobleme mit ErzieherInnen und Eltern. Oft übertragen ErzieherInnen ihren Stress auf das Kind und umgekehrt bzw. fehlt auf Grund der gestiegenen Stressbelastung die nötige empathische Kompetenz bzw. Sensibilität in der Kommunikation. Die bürokratisch-hierarchische Struktur kann außerdem zu Abhängigkeiten und zur Behinderung des wechselseitigen Austausches führen.

Das hier vorgestellte Netzwerk „Entspannte Kindertagesstätten" trägt dem systemischen Grundgedanken bzw. der von Stück (2007, 2008) entwickelten systembezogenen Stressreduktion (SYSRED[35]) Rechnung.

Abb. 7: *Logo des Entspannungs-Netzwerkes.*

Die Theorie der affektiven Netzwerke mit den o. g. Kriterien gilt als Grundlage für das aus dem FAIRSEIN-Projekt entstandene Netzwerk „Entspannte Kindertagesstätten". Dieses Netzwerk wurde im März 2009 in Leipzig durch die Fachstelle Rechtsextremismus und Gewaltprävention der Stadt Leipzig (Berit Lahm) und dem Zentrum für Bildungsgesundheit (Marcus Stück) gegründet und koordiniert[36]. Wichtige Partner sind das

---

32 Stück, M. (2008). Gute Praxisbeispiele. ErzieherInnenarbeit in Leipzig. In: Sächsisches Staatsministerium für Soziales (Hrsg.), *Handbuch zur Erziehergesundheit.* S. 27–36.

33 Der Begriff affektiv wurde von Toro (1995) in diesem Zusammenhang als längerfristiger gefühlsmäßiger Zustand bezeichnet, in Verbindung mit anderen Menschen als Grundlage für die eigene Identitätsentwicklung (s. a. Buber, 1990).

34 Brunner. E. J. & Huber, G. L. (1989). *Interaktion und Erziehung.* München: PVU.

35 SYSRED besteht aus folgenden Interventionszugängen:
   Zugang 1: *Kind-Ebene:* Entspannungstraining mit Yogaelementen für Kinder (EMYK®, Stück 2000),
   Zugang 2: *Erzieher-/Eltern-Ebene:* Stressreduktionstraining mit Yogaelementen für ErzieherInnen (STRAIMY®) sowie flankierende Maßnahme Biodanza,
   Zugang 3: *Erzieher-Ebene bzgl. Fähigkeiten:* Kompetenztraining für Erzieherinnen und Erzieher,
   Zugang 4: *Rahmenbedingungen:* Bedingungsanalyse des Systems Schule (Instrument zur Stressbezogenen Arbeitsanalyse, adaptiert für ErzieherInnen, ISTA, Semmer et al. 1998, Stück 2008) Maßgeblich für das Erzieherpersonal sind die Zugänge 2 bis 4.

36 Weitere Informationen s. *www.bildungsgesundheit.de.*

Jugendamt und das Schulverwaltungsamt der Stadt Leipzig. Alle Kindertageseinrichtungen (Horte oder Kitas) können dem Netzwerk angehören, sofern sie vier Multiplikatoren-Ausbildungen durchlaufen und diese Methoden auch in ihren Einrichtungen nachhaltig anwenden.

Ebenen des Netzwerkes „Entspannte Kindertagesstätten"

1) Interventionen auf Kind-Ebene zur Entspannung der Kinder:
- MODUL: Entspannungstraining mit Kindern (EMYK®) bzw.
- MODUL: Tanzorientiertes Programm mit Biodanza-Elementen (TANZPRO-Biodanza®)
- MODUL: Wertschätzende Kommunikation (WK®) für Kinder

2) Interventionen auf der ErzieherInnen-Ebene zur Entspannung der ErzieherInnen und zur Verbesserung der Kommunikation zwischen Kind und ErzieherInnen in der Kita:
- MODUL: Wertschätzende Kommunikation für ErzieherInnen (WK®)
- MODUL: Stressreduktion für ErzieherInnen (Stressreduktionstraining mit Yogaelementen STRAIMY®)

3) Rahmenbedingungen und Pädagogische Konzeptarbeit:
MODUL: Arbeit am Einrichtungskonzept (z. B. mit der Leipziger Konzeptstruktur), um die Rahmenbedingungen in der Umsetzung der eigenen pädagogischen Ziele zu berücksichtigen und die Interventionen zur Förderung entspannter Kindertagesstätten in das Konzept zu integrieren.

1.9 Ausblick Empathie-Schule II: Nonverbale Aspekte Wertschätzender Kommunikation im Kindergarten

Wie bereits im Punkt 1.2 beschrieben ist die Methode BIODANZA auf Grundlage des biozentrischen Paradigmas (s. Tafel 4)[37] nach Rolando Toro ein erlebnisorientierter, nonverbaler Weg zum Gefühls- und Bedürfnisausdruck und zur wertschätzenden Begegnungsfähigkeit bzw. wechselseitiger Anerkennung.

Das Biozentrische Bildungsparadigma ist eng verknüpft mit der erlebnisorientierten Interventionsmethode Biodanza, welche von Rolando Toro bereits in den späten 1960er Jahren in Lateinamerika entwickelt und immer weiter ausgebaut wurde. Durch die Arbeiten von Toro, Cavalgante und vielen anderen, entstand das Konzept der Biozentrischen Bildung und Erziehung. Da im Spanischen das Wort „educacion" sowohl Bildungswesen als auch Erziehung bedeuten kann, ist eine genaue Übersetzung ins Deutsche nicht möglich. Am häufigsten wird somit von „Biozentrischer Bildung und Erziehung" gesprochen, da sich das Konzept sowohl auf den privaten Erziehungs- als auch den öffentlichen Bildungsbereich beziehen kann. Aufbauend auf Vorbildern für die Prinzipien der Biozentrischen Erziehung in zahlreichen Wissenschaftsgebieten (Ilya Prigogine, Humberto Maturana, Edgar Morin etc.) wird versucht, eine Synthese der unterschiedlichsten Ansätze und Disziplinen herzustellen, mit dem Ziel, das Leben in den Mittelpunkt von Bildung und Erziehung zu rücken. Die zentrale Frage lautet demnach: Trägt das, was ich tue, zum Leben bei? Diese Frage kann sich beziehen auf die Arbeitswelt, das Lernen in der Schule, Freizeitgestaltung, den Umgang mit der Familie usw. Dabei wird die Wichtigkeit der Vermittlung des Respekts vor dem Leben, vor die Wichtigkeit der Vermittlung von Information gestellt. Der Beobachter soll wieder zum Teilnehmer werden, um selbst zu fühlen und zu spüren und damit den Schwerpunkt wegzunehmen, von der informationsfokussierten Erziehung hin zu einer Lehre der Kunst des Lebens, bei der wirkliche Veränderung nur vom Inneren des Individuums nach Außen geschehen kann, anstatt ein „Ausfüllen" der Leere des Schülers durch Informationen von außen. Des Weiteren wird herausgestellt, dass auch der Pädagoge sich weiter entwickeln und verändern sollte, um Vorbild für den Schüler zu sein.

Tafel 4: Das Biozentrische Bildungsparadigma[38].

---

37 Biozentrik = der Schutz lebendiger Prozesse steht im Mittelpunkt des Tuns (s. Tafel 4).
38 Toro (1995) Biozentrisches Paradigma. Unveröffentlichte Ausbildungsmaterialien der Biodanzaschule Leipzig. Siehe auch Rebling S. (2009): Untersuchungen zum Modell der Systembezogenen Stressreduktion nach Stück (SYSRED). Leipzig. Verlag Bildungsgesundheit – *www.bildungsgesundheit.de.*

Biodanza[39] ist ein System der affektiven Integration und dient der organischen Erneuerung und dem Neu- oder Wiedererlernen der ursprünglichen Lebensfunktionen[40]. Insofern besitzt Biodanza eine wichtige Bedeutung für das vorliegende Programm. Die Methode stützt sich auf die Induktion integrierender Erlebnisse (span. Vivencias), die sich mit Hilfe von Musik, Tanz, dem Gesang und nonverbalen Kommunikationssituationen in der Gruppe erzielen lassen. Biodanza versteht sich als ein emotionales Training, welches es ermöglicht, die Bedeutung der Emotionen, speziell der Gefühle (Vernunft der Gefühle) zu erfahren und für eine angemessene Verhaltensorganisation nutzbar zu machen. Biodanza nutzt vor allem die Musik und die Bewegung, die durch das Gefühl ausgelöst wird, zur Entwicklung der Begegnungsfähigkeit mit sich selbst, mit anderen und mit der Natur.

Langer (1979) bezeichnet es als wesentliche Eigenschaft von Musik, sich authentischer mit Gefühlen verbinden und sie ausdrücken zu können, was mit Sprache nicht in derselben Weise gelingt. In der Musikforschung gibt es eine Reihe von Befunden zum Zusammenhang zwischen Musik und Emotions- bzw. Gefühlsregulation. Die Wahrnehmung verschiedener Formen von Musik provoziert unterschiedliche Gefühlszustände. Musikstücke in ‚Dur‘ bzw. hohe Tonlagen werden eher als *fröhlich* wahrgenommen, Stücke in ‚Moll‘ bzw. tiefe Töne hingegen eher als *traurig* eingestuft. (Hevner, 1936; Arnold et al.,

Empathie-Schule 2

Marcus Stück
Alejandra Villegas

Nonverbale Aspekte Wertschätzender Kommunikation im Kindergarten

Ein Handbuch

auf der Basis des Biozentrischen Bildungsparadigmas (Biodanza) nach Rolando Toro

Empathie-Schule 2
(Fokus: Nonverbale Kommunikation)

„Vom Kopf in den Körper"

Abb. 8: *Empathie-Schule 2 (Fokus: Nonverbale Kommunikation) Marcus Stück & Alejandra Villegas.*

1996). Musik besitzt die Eigenschaft, in tiefere Schichten der Persönlichkeit einzudringen als das gesprochene Wort. Daher ist die Arbeit mit Biodanza im Rahmen der WK®-Empathie-Schulen als Vertiefung der verbalen wertschätzenden Kommunikation von sehr großer Bedeutung.

---

39 Toro, R. (1998). *Ausbildungsmaterialien zum Biodanza-Lehrer.* Unveröffentlichte Materialien der Biodanza-Schulen Hamburg, Köln, Berlin., Leipzig und Wien.
Toro, R., Garcia, C. Auer, M., Komarek, J., Okotie, S., Roppele, G. & M.-Langmeyer, G. (Hrsg.). (1999). *Biodanza – Eine poetische Wissenschaft.* Publikation der Vereinigung der Biodanza-Lehrer Österreich.

40 Das bedeutet zu lernen, aus den Instinkten, Trieben und Bedürfnissen heraus zu leben. Der Lebensstil sollte mit diesen ursprünglichen Lebensimpulsen stimmig sein. Die Instinkte zielen, laut Biodanza, auf die Bewahrung des Lebens und seine Weiterentwicklung.

Einführung

In dem vorliegenden Handbuch werden unsere Erfahrungen bei der Einführung der Wertschätzenden Kommunikation in einem Leipziger Kindergarten in Form eines Arbeitshandbuches vorgestellt.[41]

Unser Anliegen ist es, dass die teilnehmenden **Kinder und Erwachsene miteinander, in spielerischer und entspannter Atmosphäre lernen** und sich nicht gegenseitig belehren, sondern gemeinsam erkunden und herausfinden, was den Unterschied ausmacht, zwischen einer entspannten, offenen, klaren und einfühlsamen Kommunikation und einer gewaltvollen, gestressten und abweisenden Sprache voller Missverständnisse. So wird die Basis für ein wertschätzendes Miteinander geschaffen.

Als Grundlage für dieses Arbeitsmaterial nutzen wir das **Modell der Gewaltfreien Kommunikation** nach Marshall Rosenberg.[42]

Was ist Wertschätzende Kommunikation?

Das Modell der *Nonviolent Communication* entwickelte **Marshall Rosenberg** vor ca. 40 Jahren. Er arbeitete damit vor allem in Schulen und in der internationalen Friedensbewegung und gilt als ein weltweit anerkannter Konfliktmediator. Rosenberg wurde inspiriert durch seinen Lehrer Carl Rogers, dessen Modell des Aktiven Zuhörens (Humanistische Psychologie), er weiterentwickelte. Rosenberg geht davon aus, dass Menschen prinzipiell zu Respekt, Kooperation und friedlichem Verhalten bereit sind, wenn sie darauf vertrauen können, dass ihre Bedürfnisse nicht überhört oder übergangen werden, sondern gehört, respektiert und in die Handlungen des anderen einbezogen werden.

Wertschätzende Kommunikation ist nach Rosenberg eine Art und Weise des **Umgangs und Sprachgebrauchs**, die dazu beiträgt:

- die *Qualität der Beziehungen* untereinander zu stärken, die für alle befriedigend sind und zu Wohlgefühl führen,
- Hören, aktives Zuhören und *Zugehörigkeit* zu entwickeln,
- eigene *Gefühle* zu zeigen und die der anderen wahrzunehmen,
- Bedürfnisse durch *Kooperation* zu erfüllen,
- *Bedürfnisse* vollständig auszudrücken und nicht zu unterdrücken,
- Unterstützung und *Wertschätzung* untereinander auszutauschen,
- *Verantwortung* für eigene Gefühle, Handlungen und Denken zu übernehmen sowie
- sich an Entscheidungsprozessen *zu beteiligen zu können*.

---

41 Projekt FAIRSEIN in der Integrativen Kindertagesstätte „Sternschnuppe" des Deutschen Roten Kreuzes.

42 Unsere Erfahrungen sind, dass die Bezeichnung *Gewaltfreie Kommunikation* immer wieder zu Missverständnissen führt und vor allem den Eindruck erweckt, als seien wir alle gewaltvolle kommunizierende Menschen. Mit der Bezeichnung *Wertschätzende Kommunikation* lässt sich besser ausdrücken, was unser wesentliches Anliegen ist. Marshall Rosenberg selber nutzte auch für sein Kommunikationsmodell verschiedene Wörter, wie lebensdienlichen Sprache, einfühlsame Sprache u. a., auch wenn sich international nonviolent communication – Gewaltfreie Kommunikation durchgesetzt hat.

Die Wertschätzende Kommunikation besteht aus einem praktischen und überschaubaren Kommunikationsmodell, welches

Einfühlsamkeit: Ausdruck emotionaler Betroffenheit statt Bewertungen und die Fähigkeit sich anderen Menschen vorurteilsfrei zuwenden zu können,

Klarheit: Vollständiges Mitteilen eigener Beobachtungen, Gefühle, Bedürfnisse und Bitten, ohne zu verletzen,

Offenheit: Veränderungen zulassen und einbeziehen,

unterstützt.

Mit der Wertschätzenden Kommunikation stärken Kinder und Erwachsenen, die *Fähigkeiten mit sich selbst und mit anderen einfühlsam, klar und offen umzugehen.*

Dazu gehört:

- eigene Gefühle, Bedürfnisse und Bitten zu kennen, anderen mitzuteilen und für sich selbst einzutreten;
- die Gefühle, Bedürfnisse und Bitten anderer wahrzunehmen, einzuschätzen und mit anderen mitzufühlen, sich für andere einzusetzen und andere bei der Erfüllung ihrer Bedürfnisse zu unterstützen.

Wie funktioniert Wertschätzende Kommunikation?

Um zu einem einfühlsamen, klaren und offenen Umgang zu gelangen, entwickelte Marshall Rosenberg das **Vier-Schritte-Modell**.

Das *Vier-Schritte-Modell* unterstützt uns darin, hinter allem was Menschen tun, auch hinter Bewertungen, Aggressionen, Verurteilungen vor allem Bedürfnisse zu entdecken und darüber konstruktive Lösungswege freizulegen. In diesen vier Schritten sind alle wesentlichen Informationen festgehalten, die Menschen benötigen, um sich gewaltfrei und wertschätzend untereinander zu verständigen.

Zur Verständigung ist zunächst wichtig:

- worauf ich mich beziehe — *Beobachtung,*
- wie es mir damit geht — *Gefühl,*
- was ich brauche — *Bedürfnis* und
- um was bitte ich — *Bitte.*

Die Qualität dieser Vier-Schritte-Kommunikation, unterscheidet sich teilweise erheblich von unseren gewohnten Umgangsformen und bedarf daher eines Trainings, in dem die *Anwendung in unserer Sprache* und *Integration in unserem Verhalten* geübt wird.

1. Schritt: Beobachtungen werden frei von Bewertungen ausgedrückt. Das unterstützt, dass der andere zuhören kann und nicht in die Verteidigungshaltung geht, zugleich verbinde ich mich mit der aktuellen Situation, dem, wie es ist, statt mit meinen Interpretationen der aktuellen Situation.

2. Schritt: Gefühle bei sich und anderen wahrnehmen, deren Ursache in erfüllten oder unerfüllten Bedürfnisse erkennen und sich selber als Akteur der eigenen Gefühle zu akzeptieren, führt dazu, Verantwortung für seine Gefühle zu übernehmen und eigene Betroffenheit auszudrücken.

3. Schritt: Zu seinen Bedürfnissen zu stehen und diese klar auszudrücken, sie nicht zu unterdrücken oder durch Ausweichstrategien zu erfüllen und zugleich die Bedürfnisse anderer in die eigenen Entscheidungen einzubeziehen, erhöht die Chance, Wege zu entdecken, dass alle ihre Bedürfnisse erfüllen können.

4. Schritt: Konkrete und handlungsorientierte Bitten werden frei von Forderungen formuliert und ermöglichen so, dass der andere freiwillig wählen kann, wie er mich unterstützen möchte. Damit wird eine Kultur des sich gegenseitigen Vertrauens und Unterstützens gestärkt.

Für die **methodische** Aufbereitung ließen wir uns von folgender pädagogischer Haltung leiten:

- Der Erwachsene begegnet dem Kind als vorurteilsloser Beobachter, der zum Kind schaut und so herausfindet, welche Interessen und Bedürfnisse das Kind gerade verfolgt. (Interessenpunkte herausfinden und zeitnah Angebote machen.)
- Der Erwachsene gibt dem Kind Unterstützung, es selber zu tun, statt für das Kind die Konflikte zu lösen.
- Der Erwachsene erklärt nicht soviel, sondern bietet dem Kind vielfältige Gelegenheiten an, es im Tun selber zu erfahren. (Pädagogische Anliegen werden in abwechslungsreiche Tätigkeiten zum Erproben angeboten.)
- Wenige Worte werden benutzt, jedoch genaue Bezeichnung des Beobachtbaren werden gefördert. (Wortschatzerweiterung durch Beobachtungs-, Gefühls-, Bedürfniswörter und das Formulieren klarer Bitten.)

Unser Konzept im Kindergarten

Mit einem *bewussten, aktiven und wertschätzenden Miteinander* im Kindergarten wird der Grundstein für ein *friedliches und kooperatives* **Miteinander** in unserer Gesellschaft gelegt.

Wertschätzende Konfliktfähigkeit steht dabei im engen Zusammenhang mit dem eigenen Selbstwertgefühl. Die *Wurzeln zum Selbstwertgefühl* und sozialen Kompetenzen werden bereits *in der Kindheit* gelegt.

Dazu benötigen Kinder:

- das Gefühl, angenommen zu sein, wie sie sind;
- eine sichere Atmosphäre und Geborgenheit;
- Freiräume zum Experimentieren, Lernen und Üben;
- Zeit für ein individuelles Entwicklungstempo;
- Eltern und Erwachsene als Vorbilder;
- klare und bestärkende Rückmeldungen von Eltern und erwachsenen Bezugspersonen.

Im *Kindergarten* werden Kinder mit Ablehnung, Stress und Aggression konfrontiert, zugleich ist der Kindergarten eine lebendige Gemeinschaft, in dem Kinder *ein soziales Umfeld* finden, in dem sie:

- gemeinsam spielen und sich erleben;
- alles Gelernte sofort in täglich neuen sozialen Situationen erproben können;
- sie Zugehörigkeit und Verbundenheit entwickeln;
- ihren eigenen Platz finden und ihren eigenen Beitrag in der Gemeinschaft einbringen.

Es macht daher Sinn, *so früh wie möglich* mit Wertschätzender Kommunikation zu *beginnen*, da Verhaltensdispositionen bereits im frühen Kindesalter durch Konditionierung und eine bestimmte Qualität der Beziehung und des Kontaktes erworben werden und diese sich für das weitere Leben verfestigen.

Nachhaltigkeit wird dadurch gesichert, dass *alle an der Erziehung Beteiligten* – die Erzieher, die Eltern und die Kinder in den Prozess der Einführung der „Wertschätzenden Kommunikation" *einbezogen sind*, um sich gegenseitig im Erziehungsprozess unterstützen.

Ganzheitlichkeit zielt darauf, den ***Focus*** nicht nur ***auf*** unerwünschtes Verhalten, sondern auf das ***Stärken*** der Beziehungsfähigkeit, dem Ausdrücken eigener Bedürfnisse und dem ***Entwickeln*** von vielfältigen Lösungsstrategien zu lenken.

Unser Anliegen ist es damit:

- die Herausbildung von Werten und Orientierungen zu unterstützen;
- ein friedvolles und wertschätzendes Klima im Kindergarten zu stärken;
- keinen Nährboden für aggressives und ausgrenzendes Verhalten zu bieten;
- sozialen, sprachliche und emotionalen Kompetenzen zu entfalten;
- Fähigkeiten und Kenntnisse im Umgang mit unseren Bedürfnisse zu erweitern.

Kindern erwerben darin:

- grundlegende Fähigkeiten der Wertschätzenden Kommunikation;
- einen erweiterten Sprachschatz;
- Verhaltensrituale in Stresssituationen;
- vielfältige Lösungsstrategien bei Konflikten;
- Fähigkeiten sich als aktiver Teil des Erziehungsprozesses zu erleben;
- die Erkenntnis, dass alles Handeln dazu dient, sich eigene Bedürfnisse zu erfüllen und/oder beitragen, dass andere sich ihre Bedürfnisse erfüllen.

Warum wertschätzende Kommunikation?

Wertschätzung schenken, ist unseres Erachtens, das Kernstück der Kommunikation.
Die Grundannahme der Wertschätzenden Kommunikation geht davon aus, dass jeder Mensch zu jeder Zeit, ***dass ihm Bestmögliche*** tut. Wertschätzende Kommunikation hat nicht das Anliegen, jemanden zu sagen, was richtig oder falsch ist, wer die Guten oder die Schlechten sind. Genau vor diesem Denken in Feindbildern hilft Wertschätzende Kommunikation, indem sie hinter jeder Handlung, jedem Wort, nichts Negatives vermutet, sondern erkundet, was derjenige fühlt und braucht. Das wird, indem wir es aussprechen, überprüft und damit beginnen wir auch in festgefahrenen Situationen wieder ***handlungsfähig*** zu werden. Gelingt es uns nicht die Übersetzungsarbeit von Kritik in Gefühle und Bedürfnisse auszudrücken, dann brauchen wir zuerst Kontakt mit unseren eigenen Gefühlen und Bedürfnissen, dann brauchen wir selber Wertschätzung für unser Handeln, denn auch wir tun unser Bestmöglichstes.

Wertschätzung in diesem Sinne bedeutet also nicht Loben oder alles nur „positiv sehen", sondern im Kontakt mit unseren Gefühle und Bedürfnissen zu sein. Wir verurteilen weder uns, noch die anderen, sondern wir nehmen Gefühle und Bedürfnisse wahr und berücksichtigen in unseren Handlungen, die Gefühle und Bedürfnisse der anderen.

> „In dem Moment, wo man Menschen dazu bringen kann, darüber zu reden, was sie möchten, anstatt darüber, was mit der anderen Person nicht stimmt, sieht man sofort eine Möglichkeit für den Beginn einer Lösung."

Marshall Rosenberg

Zur Nutzung des Handbuchs

Das Handbuch ist das **Begleitmaterial** zum Kurs „Wertschätzende Kommunikation im Kindergarten". Es wurde angelegt für Pädagogen, die mit Kindern und Eltern gemeinsam auf den Weg zu einem wertschätzenden Miteinander machen wollen und dazu den Kurs zur Wertschätzenden Kommunikation absolvieren. Im Handbuch sind überwiegende praktische Erfahrungen und Impulse zur Anwendung enthalten. Das Handbuch kann den Kurs nicht ersetzen.

Es dient zur:

* Anregung, um das Anliegen des wertschätzenden Miteinander in spielerische Tätigkeiten zu übersetzen;
* Orientierung, um über einen längeren Zeitraum dem wertschätzenden Miteinander besondere Aufmerksamkeit zu schenken;
* Erinnerung, um grundlegende Annahmen des wertschätzenden Miteinander in verschiedenen Situationen immer wieder wachrufen zu können.

Das Handbuch enthält folgende Gliederungen:

Anliegen:	Was habe ich vor? Worauf möchte ich einwirken?
Inhalt:	Übersetzung des Anliegens in Spiele und Gespräche
Material:	Was bereite ich an Material vor?
Durchführung:	Wie funktionieren die Spiele?
Vertiefung:	Was kann ich weiterhin anbieten?
Information für die Erzieher:	Tipps und Hinweise für Erzieher.
Information für die Eltern:	Tipps und Hinweise für Eltern.

Dazu gibt es im Anhang:

* Literaturhinweise
* Kopiervorlagen
* Kontaktadressen

1. Einführende Geschichte – Die Giraffe im Kindergarten

Anliegen
- Kennenlernen, über ihre Bedürfnisse und Gefühle zu reden
- Erleben, wie wir Beobachtungen, Gefühle, Bedürfnisse und Bitten ausdrücken

Inhalt
1. Einführung über die Geschichte von der Giraffe, die sich im Kindergarten verlaufen hat.[43]
2. Beobachten, wie sich die Giraffe fühlt und was sie braucht.
3. Beobachten, was Kinder fühlen und brauchen.

Material
- Eine Kuscheltiergiraffe
- Giraffenkindkarte
- Giraffenbaum
- Wandtafel/Plakat für erfüllte Bedürfnisse der Kinder

Durchführung

1. Geschichte und Gespräch

Kinder sitzen im Kreis und erfahren von der Erzieherin, dass die Giraffe im Kindergarten gefunden wurde. Die Erzieherin hält das Kuscheltier dabei besorgt in der Hand. Die Giraffe ist noch ganz klein und kann nicht sprechen und möchte auch noch gar nicht zu den vielen Kindern. Die Kinder reagieren spontan fürsorglich. Die Erzieherin greift die Aufmerksamkeit der Kinder auf und fragt, wie sich die Giraffe wohl **fühlt**, so allein im Kindergarten, ohne jemanden zu kennen.

*Die Kinder vermuten **ängstlich**, ein Kind meint sie braucht keine Angst zu haben, hier gibt es nur liebe Kinder. Ein Junge lacht über die ängstliche Giraffe. Andere Kinder erinnern sich, dass der Junge am ersten Tag im Kindergarten geweint hat, weil er Angst hatte. Jetzt erinnert sich der Junge wieder daran und erzählt allen, wie er sich am ersten Tag fühlte und was ihm half **Vertrauen** zu bekommen. Die Erzieherin fragt nach, wie kann die Giraffe sehen, dass sie bei den Kindern Vertrauen haben kann. Ein Kind macht den Vorschlag, dass sich alle Kinder erstmal vorstellen. Die Giraffe nickt. Und alle Kinder nennen ihren Namen und begrüßen die Giraffe, einige Kinder erinnern sich an ihren ersten Tag und erzählen von sich, was ihnen am ersten Tag geholfen hat: ein Lächeln, jemand wollte gleich mit dem Kind spielen, dass die Mutti noch einige Zeit dageblieben war, dass jedes Kind seinen Stuhl mit seinem Namen hatte ...*
Einige Kinder wollen mit der Giraffe spielen, die Erzieherin bewegt die Giraffe, so dass die Kinder sehen, die Giraffe fürchtet sich noch vor den Kindern.
Die Erzieherin fragt, was die Kinder tun könnten, damit die Giraffe noch mehr Vertrauen hat und mit den Kindern spielen mag.
Ein Kind schlägt vor, der Giraffe einen Namen zu geben. Alle Kinder sind begeistert und geben der Giraffe viele Namen, letztlich einigen sich die Kinder auf einen Namen.

---

43 Die Geschichte von der Babygiraffe, die im Kindergarten gefunden wurde, sich lernt giraffisch auszudrücken und dann ihre Mama wiederfindet, entstammt dem Buch von Frank und Gundi Gaschler: Ich will verstehen, was du wirklich brauchst, Kösel 2007. Wir haben das Vier-Schritte-Modell von Marshall Rosenberg mit dieser Geschichte in einem halbjährigen Projekt angewandt und waren von der Praktikabilität begeistert.

Die Erzieherin fragt nach, was die **Giraffe braucht** im Kindergarten, **einen Platz, Essen, Trinken, Schlaf, Toilette, Spiele ...** Die Erzieherin fragt nach, ob die Kinder die Giraffe bei sich in der Gruppe behalten wollen. *Jaaa, die Kinder wollen. Ein Junge hält dies für „Babykram". Die Erzieherin fragt nach, ob er sich nicht vorstellen kann, mit der Giraffe zu spielen. Der Junge meint, doch, aber nur wenn die Giraffe auch Fußball spielen könne. Die Erzieherin lässt die Giraffe nicken.*

Möglich ist auch, zu respektieren, dass nicht alle Kinder mit der Giraffe spielen wollen, kann sein sie machen später mit, wenn sie sehen, was alles so passiert oder sie sind einfach Beobachter.

Tipp:
Hilfreich ist, dass Kinder zwischen zwei Angeboten wählen können, wie: mitspielen oder zuschauen, mitspielen oder der Erzieherin assistieren, mitspielen oder sich auf einer Decke ausruhen.

2. Giraffenbaum

Die Kinder hängen in ihr Zimmer ein großes Plakat mit den Bedürfnissen der Giraffe auf. Sie sorgen für die Bedürfnisse der Giraffe (Essen, Trinken, Schlafen, Spielen, Freunde, was erleben, dabei sein und einen Platz in der Gruppe finden ...) Die Kinder fragen die Giraffe: Bist du hungrig und möchtest jetzt was zu essen? Oder: Bist du traurig und möchtest einen Freund?

Jedesmal, wenn ein Kind für ein Giraffenbedürfnis gesorgt hat, kann es einen Punkt, ein Zeichen oder seinen Anfangsbuchstaben auf den Giraffenbaum eintragen. Nach einiger Zeit sehen die Kinder, welche Bedürfnisse sie gern bei der Giraffe erfüllen und welche Bedürfnisse auch mal in Vergessenheit geraten. Darüber können Erzieherinnen und Kinder sprechen.

3. Giraffenkind-Karten

Es gibt zunächst nur die eine Giraffe. Die Kinder wollen vor allem am Anfang möglichst oft die Giraffe bei sich haben. Um das

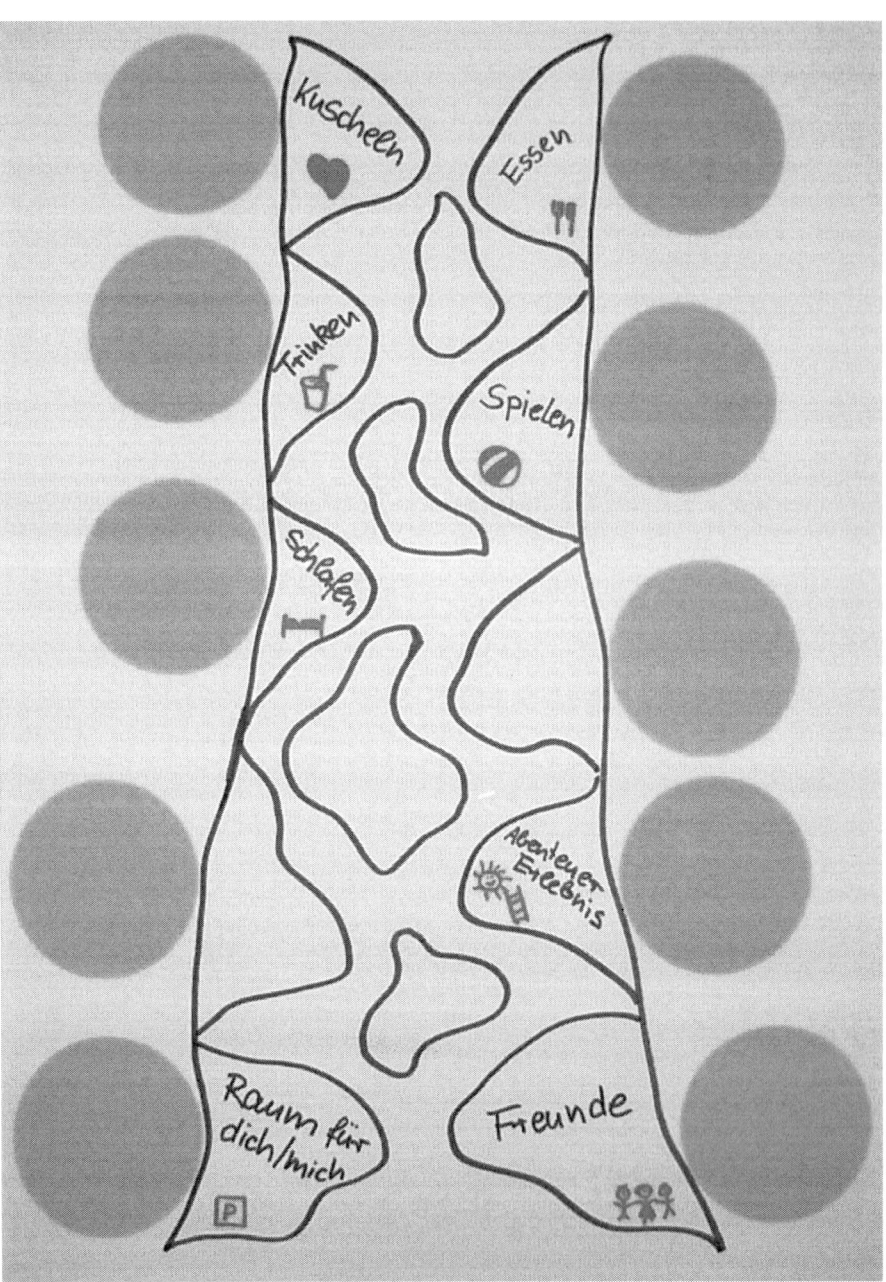

Giraffenbaum

Aushandeln, wer die Giraffe bei sich hat, zu erleichtern, gibt es drei Giraffenkindkarten. Die Kinder bekommen die Giraffe abwechselnd und alle anderen Kinder können sehen, wer gerade mit der Giraffe spielt, derjenige hat die Giraffenkindkarte umgehängt.

Hatte ein Kind die Giraffenkindkarte um, wurde die Giraffe im Spiel nicht ohne zu fragen weggenommen. Nach einiger Zeit werden die Karten überflüssig. Die Kinder hatten dann selber erfahren, dass jedes Kind dran kommt. Natürlich kann auch jedes andere Kuscheltier in die Projektarbeit einbezogen. Wir erlebten, dass nach kurzer Zeit viele Kinder ihre eigene Giraffe hatten oder ihre Kuscheltiere von zu Hause mitbrachten und eine große Kuscheltier-Freundesgemeinschaft entstand.

Vertiefung für Kinder

Kinder lernen mehr über Giraffen kennen

- Sie malen Giraffenbilder oder das Giraffenmandala.
- Sie erkennen das typische Giraffenmuster und kennen die Farben der Giraffe.
- Sie wissen, wie groß Giraffenkinder und Giraffeneltern werden können.
- Sie können sich die Größe vorstellen, indem sie die Größe mit Vergleichen erfahren.
- Sie kennen auch ihre eigene Größe und wissen, wer die großen und kleinen Kindern im Kindergarten sind.

Giraffen

Sie werden bis zu sechs Meter groß. Eine Babygiraffe wird ca. 450 Tage im Mutterleib getragen, bis sie dann groß genug ist und aus dem Mutterleib ca. zwei Meter tief raus fällt, ohne sich zu verletzen. Babygiraffen sind ca. 2–3 Meter groß. Giraffen sind Wiederkäuer. Sie brauchen Grünfutter.

Information für die Erzieher

Erzieher unterstützen die Kinder, indem sie selber Gefühle in Verbindung mit Bedürfnissen ansprechen und erkunden.

Sie fragen zum Beispiel:
Fühlst du dich müde (**Gefühl**), und brauchst einige Minuten Ruhe (**Bedürfnis**)?

oder:

Bist du ungeduldig (**Gefühl**), weil du ganz großen Hunger hast (**Bedürfnis**)?

Tipp:

Es ist leichter für Kinder, auf Fragen zu antworten, die schon eine Antwortmöglichkeit enthalten und sie lernen dabei gleich die Wörter.

Wir fragen möglichst *nicht* nur:
Wie fühlst du dich? Oder was brauchst du?

sondern:

Fühlst du dich müde und brauchst etwas Ruhe?

Die Kinder sagen uns dann schon, ob unsere Vermutung stimmt, oder ob das Kind gerade etwas anderes fühlt und etwas anderes braucht.

Erzieher: Fühlst du dich fröhlich und möchtest mit der Giraffe singen?

Kind: Nein, ich bin nicht fröhlich, ich bin wütend, weil mir niemand zuhört, wenn ich singe und die Giraffe hat ja gar keine echten Ohren.

Information für die Eltern

Anhang

* Liste der Gefühle, Liste der Bedürfnisse (*siehe Anhang Seite 54*)

Beispielbrief

Liebe Eltern,

wie Sie bereits aus der Elternversammlung wissen, beginnt heute (Datum) das Projekt *Wertschätzende Kommunikation* im Kindergarten. Ihre Kinder hören die Geschichte von der kleinen Giraffe, die ganz allein im Kindergarten lag und noch so klein ist, dass sie kaum sprechen kann. Wir erkunden mit den Kindern, welche Gefühle und Bedürfnisse die Giraffe hat, wenn sie allein ohne Mami und Papi im Kindergarten ist. Die Kinder haben dann Gelegenheit, die Gefühle und Bedürfnisse der Giraffen zu erraten und sich selber an ihren ersten Tag im Kindergarten (oder den ersten Tag nach einem längeren Urlaub oder Krankheit) zu erinnern. Zur Unterstützung eines großen Wortschatzes an Gefühlswörtern und Bedürfniswörtern haben wir für Sie zwei Wörterlisten zusammengestellt. Sie können uns unterstützen, wenn sie selber Gefühlswörter und Bedürfniswörter benutzen, die genau beschreiben, was sie fühlen und brauchen.

Vielen Dank für Ihre Unterstützung.
Mit herzlichen Grüßen
Ihr Kindergartenteam

2. Beobachtung und Gefühle

Anliegen
- Gefühle bei sich und bei anderen wahrnehmen
- Vertiefung der Beobachtungsfähigkeit
- Gefühle ausdrücken
- Wortschatz erweitern

Inhalt
1. Gefühle an Gesichtern erkennen und Körpersprache erkennen (Mimik, Gestik)
2. Spiele zu Gefühlen (Gefühlspantomime, Versteinern von Gefühlen, Lied)
3. Mein Gefühl

Material
- Gefühlsmemory (Gefühlskarten mit sechs verschiedenen Gefühlsausdrücken)
- Plakat/Wand für Gefühlsthermometer für die Kinder
- Spiegel
- Blanco-Gefühlskarte (*siehe Anhang Seite 55*)
- CD von Rolf Zuckowski und Freunde

Durchführung

1. Gespräch – Einführung der Gefühlskarten

Im Gespräch knüpfen wir an die Erlebnisse der Giraffe im Kindergarten an. Die Kinder erzählen, wie sie die Giraffe beim Spielen, im Kino, beim Sport, beim Essen und vielen anderen Erlebnissen mit dabei hatten. Sie erzählen, was sie erlebten und wie sie sich dabei fühlten. Sie erkunden ihre Gefühle und auch die Gefühle der anderen. Wir fragen nach, welche Bedürfnisse sich die Giraffe und die Kinder damit erfüllten. Dazu

schauen wir uns auch den Giraffenbaum (siehe Teil 1) an und sehen, welche Bedürfnisse die Kinder besonders häufig berücksichtigten. Die meisten Kinder sind begeistert. Wir zeigen den Kindern die Gefühlskarten. Auf ihnen ist eine **traurige, glückliche, wütende, erstaunte, begeisterte und ängstliche** Giraffe zu sehen. Die Kinder erraten die Gefühle vom Bild. Wir fragen, woran sie erkennen, dass die Giraffe fröhlich, traurig, erstaunt, ängstlich, begeistert oder wütend ist. Wir achten darauf, dass die Kinder reine Beobachtungen beschreiben, ohne bewertende Wörter. Die Kinder haben Freude dabei, die Gefühle selber nachzuahmen. Jedes Kind drückt sich dabei ein wenig anders aus, manchmal sieht der Versuch Wut auszudrücken lustig aus, oder Fröhlichkeit wirkt gar nicht fröhlich. Wir machen die Kinder darauf aufmerksam und fragen nach, wie sich ein Kind tatsächlich gerade fühlt.

2. Spiele mit Gefühlen

Gefühlspantomime:	Ein Kind stellt ein Gefühl dar, die anderen Kinder raten, welches Gefühl das Kind gerade darstellen wollte. Wir ermutigen die Kinder, dabei nicht nur ihr Gesicht, sondern auch Arme, Beine und den gesamten Körper einzusetzen.
Versteinerung:	Die Kinder bewegen sich nach Musik. Geht die Musik aus, bleiben die Kinder unmittelbar in der Bewegung stehen und erstarren zu „Stein".
Bildhauer:	Ein Kind ist Bildhauer und kann ein anderes Kind so bewegen, dass ein bestimmter Gefühlsausdruck entsteht, z. B. den Arm in die Hüften legen, den Mund breit ziehen … usw., danach wird gewechselt.
Fototermin:	Ein Kind tut so, als würde es fotografieren und sagt vorher an: Bitte schön lächeln. Bitte ernst schauen. Bitte nach oben schauen. Bitte traurig schauen usw. Solange es Spaß macht.
Lied:	Zum Abschluss singen wir das Lied: Wenn ich lustig bin, dann klatsch ich in die Hand … (Rolf Zuckowski und Freunde).

3. Mein Gefühl

Jedes Kind hat die Möglichkeit zu sagen oder auszudrücken, wie es sich fühlt. Kinder, die das nicht wollen, werden nicht bedrängt, es doch zu tun. Im Gruppenraum gibt es ein Gefühlsthermometer oder Sonne, Blitze und Wolken, wo Kinder, morgens, wenn sie kommen, sich eintragen können. Die anderen Kinder oder die Erzieher können nachfragen, welches Erlebnis die Kinder hatten. Kinder, die sich nicht selber ausdrücken wollen, beobachten meist sehr genau, wie die anderen Kinder sich ausdrücken. Es können dabei auch kleine Rituale entstehen, wie sich alle miteinander über ihr Befinden austauschen, z. B. ein Gefühlsblitzlicht, wenn ein Glöckchen erklingt.

Vertiefung für die Kinder

Malen

- Die Kinder malen Bilder, die ihre Gefühle ausdrücken.
- Zwei Kinder malen gemeinsam ein Bild und erzählen hinterher, wie sich das angefühlt hat.
- Die Kinder drücken ihre Gefühle mit Farben aus.
- Die Kinder zeichnen Smily-Gesichter mit typischen Gefühlsausdrücken.

Tipp:
Die Bilder werden nicht bewertet, auch nicht positiv. Will ich ausdrücken, dass mir ein Bild sehr gefällt, teile ich mit, was ich sehe (**Beobachtung**), welches **Gefühl** dies in mir auslöst und welches **Bedürfnis** sich dadurch bei mir erfüllt hat.
Will ich ausdrücken, dass mir ein Bild nicht gefällt, teile ich mit, was ich sehe (**Beobachtung**) und überprüfe, ob dies mit dem übereinstimmt, was das Kind darstellte. Dann erkunde ich, welches **Gefühl** und **Bedürfnis** das Kind bewegte, dieses Bild zu malen, dies hilft mir zunächst Verständnis für das Kind aufzubringen und danach, wenn es mir sehr wichtig ist, drücke ich auch aus, welches Gefühl dies in mir auslöst und welches Bedürfnis sich dadurch bei mir nicht erfüllt.

Spiegeln

Ein Kind zeigt pantomimisch ein Gefühl. Ein anderes Kind gegenüber ahmt das Kind nach. Dann wird gewechselt. Damit unterstützen wir das genaue Beobachten und sich vorstellen können, wie es sich beim anderen gerade anfühlt.

Ein Kind macht eine Bewegung mit der Hand, das gegenüberstehende Kind ahmt die Bewegung synchron nach. Diese Spiel kann auch mit der gesamten Gruppe gespielt werden.

Ein Spiegel als freies Angebot ist hilfreich zur weiteren Vertiefung der Selbstwahrnehmung.

Memory

Die Gefühlskarten werden doppelt als Memory für das freie Spiel bereit gelegt.

Information für die Erzieher

Beobachtung frei von Bewertungen

Erzieher unterstützen besonders die Nutzung klaren Beobachtungen statt Bewertungen. Beispiel:

Kind: Die Giraffe sieht komisch aus.
Erzieher: Woran siehst du das? Oder: Weil sie die Hand so hält? (Erzieherin macht es nach.)
Kind: Ja, und weil sie die Augenbrauen so zusammen zieht.

Bewertung	Beobachtung
Die Giraffe sieht komisch aus.	Die Giraffe zieht die Augenbrauen zusammen.
Das ist ein blödes Spiel.	Das Spiel macht dir kein Spaß und du möchtest gern das Spiel wechseln?
Das Bild ist toll.	Die Sonne auf deinem Bild stimmt mich froh, weil ich helle Farben mag.
Du malst aber schön.	Wenn ich sehe, wie du malst, erinnere ich mich daran, wie ich früher gemalt habe. Das stimmt mich gerade froh.
Du malst aber schnell.	Dir macht malen riesig Spaß, stimmt das?
Du kannst cool malen.	Ich sehe fünf Finger an jeder Hand auf deinem Bild.
Das ist nicht schön gemalt.	Ich sehe schwarze Linien auf deinem Blatt. Ich würde gern verstehen, was du gemalt hast. Magst du es mir erzählen?

Gefühlswortschatz

Zu Beginn und am Ende eines Spiels/des Tages kann immer wieder nachgefragt werden, wie sich das Kind/ die Kinder gefühlt hat/haben.

Erzieher unterstützen besonders die Nutzung von Gefühlswörtern, statt nur gut/schlecht zu sagen. Mit sechs Gefühlswörtern wird begonnen, dann erweitert sich der Gefühlswortschatz um die Wörter, die Kinder oder die beteiligten Erwachsenen benutzen.

Bewertung	Gefühl
Mir geht's gut.	Ich bin zufrieden.
Mir geht's gut.	Ich bin froh.
Mir geht's schlecht.	Ich bin unruhig.
Mir geht's schlecht.	Ich bin müde.

Tipp:
Wir korrigieren das Kind nicht, wenn es eine Bewertung sagt, sondern erkundigen uns, um genauer zu verstehen, was ein Kind meint, wenn es sagt, mir geht's gut oder schlecht.

Beispiel:
Kind: Mir geht's gut.   *Erwachsener:*   Dir geht's gut, hast du grad Spaß beim Spielen?
Kind: Mir geht's schlecht.   *Erwachsener:*   Bist du traurig?

Gefühlswortschatzkiste

Verwendet ein Kind ein neues Gefühlswort, kann dieses Wort aufgeschrieben werden und andere Kinder darauf aufmerksam gemacht werden.
In einer schönen Herzschachtel werden Gefühlswörter gesammelt und mit den Kindern besprochen.

Kinder können das Gegenteil erraten:
fröhlich   –   traurig
ängstlich   –   mutig
ruhig   –   wütend

Information für die Eltern und Erzieher

Wenn wir **Gefühle** und **Bedürfnisse** anderer wahrnehmen, erhöht sich die Aufmerksamkeit im Umgang miteinander.
Dabei zeigen mir die Gefühle, welche Bedürfnisse ich gerade habe. Angenehme Gefühle zeigen mir erfüllte Bedürfnisse an, unangenehme Gefühle zeigen mir unerfüllte Bedürfnisse an.

Mein Gefühl	Mein Bedürfnis
Ich bin hungrig.	Nahrung, Essen …
Ich fühle mich müde.	Schlafen, Ruhe, Luft, Bewegung …
Ich bin traurig.	Aufmerksamkeit, Freunde …
Ich fühle mich froh.	Feiern, Singen, Gesellschaft …

Tipp:
Drücke ich nur Gefühle aus, ohne mein Bedürfnis dazu, kann dies zu Verwirrungen führen.

Ein Beispiel für misslingende Kommunikation ist, wenn ein Kind nur sein Gefühl ausdrückt und der Erwachsene dem Kind Absichten unterstellt.

Kind:	Ich bin sehr traurig.	*Erwachsener:*	Wegen mir?
Kind:	Hab ich doch gar nicht gesagt …		

Kind:	Ich bin sehr traurig.	*Erwachsener:*	Ich kauf dir heute kein Eis.
Kind:	Hab ich doch gar nicht gewollt …		

Diese beiden Antworten zeigen, dass der Erwachsene annimmt, dass das Kind Traurigkeit ausdrückt, um etwas Bestimmtes zu bekommen oder dem Erwachsenen ein schlechtes Gewissen zu machen. Der Erwachsene nimmt an, dass er dafür sorgen soll, dass sich das Kind nicht mehr traurig fühlt. Besser wäre, der Erwachsene überprüft, was das Kind braucht, wenn das Kind traurig ist.

Wenn das Kind nur das Gefühl ausdrückt, dann erkundet der Erwachsene, was das Bedürfnis vom Kind ist, was das Kind also braucht.

Kind:	Ich bin sehr traurig.
Erwachsener:	Ja, ich sehe, du bist sehr traurig. Möchtest du gerade jemand erzählen, was dich so traurig stimmt? (Bedürfnis nach Gesellschaft und Aufmerksamkeit)
Kind:	Ja, dir möchte ich das erzählen.
Erwachsener:	Du hättest gern, dass ich jetzt Zeit habe für dich zum Reden.
Kind:	Ja.
Erwachsener:	Ich bin im Moment etwas unruhig, weil ich gerade meine Arbeit noch nicht abgeschlossen habe. Ich habe in 10 min. Zeit für dich, okay?

3. Unangenehme Gefühle

Anliegen
- schwierige Gefühle bei sich und bei anderen wahrnehmen
- unangenehmes ausdrücken
- Wortschatz erweitern

Inhalt
1. Gefühlssalat
2. Streitgespräch
3. Fragespiel

Material
- Schippe oder anderer Streitgegenstand
- Giraffenhandpuppe

Durchführung

1. Gefühlssalat

Die Kinder sind von Aktivspielen besonders begeistert. Beim Gefühlssalat sitzen die Kinder im Kreis. Es merken sich jeweils zwei oder mehrere Kinder ein und dasselbe Gefühlswort, z. B. traurig, froh, müde, zufrieden, munter … Der Spielleiter steht in der Mitte und ruft ein Gefühlswort auf. Die Kinder mit diesem Wort wechseln ihre Plätze, der Spielleiter selber versucht auch einen Platz zu bekommen. Einer bleibt übrig, der wird dann Spielleiter für die nächste Runde. Wenn ein Spielleiter Gefühlssalat ruft, wechseln alle Kinder ihre Plätze, sonst nur die Kinder mit den jeweils aufgerufenen Gefühlswörtern.

Wir erlebten bei diesem Spiel und auch bei anderen Gelegenheiten, dass die Kinder sich weigerten Gefühlswörter, wie wütend, traurig und andere Gefühlswörter, die unerfüllte Bedürfnisse signalisieren, im Spiel zu bekommen. Alle Kinder wollten die Wörter, die angenehme Gefühle ausdrückten. Dies war für uns ein wichtiger Hinweis, um uns den unangenehmen Gefühle zuzuwenden.

2. Streitgespräch

Die Erzieher bieten ein Rollenspiel an, indem sich zwei Kindern um eine Schippe streiten. Verschiedene Kinder können dieses Spiel immer wieder versuchen, die anderen Kinder schauen zu und erzählen, was sie gesehen haben. Sie berichten darüber, wie es ihnen in ähnlichen Situationen gegangen ist. Die Erzieherin sammelt die verschiedenen Strategien, wie Kinder in solchen Situationen gehandelt haben und macht sie den Kindern bewusst.

Wir lassen die Giraffe mit einer Schippe spielen, plötzlich nimmt jemand der Giraffe die Schippe weg. Die Kinder lachen. Ich wiederhole das Spiel. Die Kinder versuchen dem Wegnehmer die Schippe zu entreißen, es entsteht Tumult. Als es ruhig wird, erzähle ich den Kindern, dass diese Schippe Jens gehört, der sie zum Geburtstag bekommen hatte. Die Kinder verstehen sofort, dass die Giraffe Schuld hat. Sie erklären der Giraffe, dass sie diese Schippe nicht hätte nehmen können, ohne zu fragen. Ich frage die Kinder, wie sich die Giraffe fühlt, wenn sie hört, dass sie schuld sei. Die Kinder suchen gute Gründe, warum die Giraffe so gehandelt hat, sie sind bereit die Giraffe zu verstehen. Ich frage nach ähnlichen Situationen und ob sie bereit sind den anderen zu verstehen, ob sie auch schon mal etwas genommen hatte, was einem anderen gehörte und was dann passiert sei. Wir spielen die Situation immer wieder durch, die Kinder kennen viele Strategien:

- *abwechseln nach 5 Minuten;*
- *Fragen, ob man mitspielen kann;*
- *Fragen, ob der andere die Schippe für ein anderes Spielzeug tauschen mag;*
- *die Erzieherin holen;*
- *mit was anderem spielen;*
- *Bitte aussprechen, um die Schippe zu bekommen.*

Wir spielen erneut die Geschichte durch und bitten die Kinder eine Strategie zu nutzen, die sie gerade gemeinsam erinnert haben. Zwei Kinder zerren an der Schippe und verhandeln dabei, ab wann der andere die Schippe bekommen kann. Ein größeres Mädel geht dazwischen und versucht den beiden Kindern die Schippe zu entreißen und den Erziehern zu bringen.

Diese Strategie erleben die Kinder selber häufig, dass der Größere und Stärkere den Konflikt von außen lösen will, ohne zu erkunden, was gerade los ist. Wir setzen hier an und beginnen ein Fragespiel, um das fragende Reden in unklaren Streitsituationen zu initiieren. Selten kommen die Kinder auf die Idee, erstmal nachzufragen, mit dem anderen Kind zu reden. Meistens glauben sie sofort, der andere hat etwas mit Absicht weggenommen. Wir machen den Kindern damit bewusst, dass sie denken, der andere sei schuld und habe schlechte Absichten, ohne dass sie dies überprüfen durch Nachfragen. Oft erlebten, wir, dass das beschuldigte Kind völlig anderes im Sinne hatte, als was ihm unterstellt wurde.

3. Fragespiel

Die Erzieherin hält die Giraffe in der Hand. Die Giraffe hat die Schippe von einem anderen Kind. Das andere Kind geht zur Giraffe und fragt: „Kannst du mir die Schippe wiedergeben?" Einen Modelldialog spielt die Erzieherin mit zwei verschiedenen Stimmlagen oder sie arbeitet mit einer zweiten Erzieherin. Danach übernehmen die Kinder eine Rolle. Erhöhter Schwierigkeitsgrad wäre, wenn beide Rollen durch Kinder gespielt werden. Das Spiel wird so oft wiederholt, wie die Kinder Lust haben mitzuspielen, meistens wollen sich alle Kinder ausprobieren.

Die Erzieherin lässt die Giraffe manchmal ja sagen, manchmal nein sagen. Sie legt Wert darauf, dass die Kinder erkunden, wie sich die Giraffe gerade fühlt und was sie braucht und wie sich das Kind fühlt und was es braucht. Die Kinder lernen spielerisch mit der Giraffe verschiedensten Reaktionen auf Unangenehmes auszudrücken. Sie erlangen dadurch mehr Handlungsstrategien, lernen eine Beobachterrolle einzunehmen und so Abstand zu schwierigen Situationen zu gewinnen. Sie erweitern ihre Möglichkeiten sich auszudrücken.

Beispiel:

- **Kind:** Hallo Giraffe, ich sehe (Beobachtung), dass du gerade mit meiner blauen Schippe spielst. Ich bin ärgerlich (Gefühl), weil ich gefragt werden möchte (Bedürfnis nach Selbstbestimmung), wenn jemand meine Schippe nimmt. Fragst Du mich das nächste Mal, wenn du mit meiner Schippe spielen willst? (Bitte) **Die Giraffe** nickt: Ja. **Kind:** Danke. Du kannst sie gern noch eine Weile behalten, ich brauche die Schippe erst nachher.
- **Kind:** Hallo Giraffe, bist du gerade richtig froh (Gefühl) und spielst gern (Bedürfnis)? **Die Giraffe:** Ja. **Kind:** Ich möchte gern mitspielen. **Die Giraffe** sagt: Okay.
- **Kind:** Hallo Giraffe, ich will meine Schippe zurück haben. Gibst du sie mir BITTE zurück. **Giraffe:** Ich baue gerade einen Turm und brauche die Schippe noch 10 Minuten, dann kannst du sie haben. Okay? **Kind:** Nein, das ist meine Schippe. **Giraffe:** Du möchtest deine Schippe jetzt gleich zurückbekommen? **Kind:** Jaaa. **Giraffe:** Bist du sauer, weil du mitspielen möchtest? **Kind:** Ja, und weil ich auch einen Turm bauen will und die Schippe jetzt brauche. **Giraffe:** Oh verstehe, du willst jetzt auch gerade bauen und nicht warten. **Kind:** Hm … **Giraffe:** Hier, deine Schippe …

- *Kind:* Du bist ganz gemein. Du spielst einfach mit meiner blauen Schippe. *Giraffe:* Oh, bist du ärgerlich, weil du möchtest, dass deine Schippe da liegen bleibt. *Kind:* Ich bin ärgerlich (Gefühl), weil ich gefragt werden möchte (Bedürfnis nach Selbstbestimmung), wenn jemand meine Schippe nimmt. *Die Giraffe* nickt. *Kind:* Ja. Das nächste Mal fragst du mich! *Giraffe:* Gibst du mir bitte deine Schippe zum Spielen? *Kind:* Du kannst sie eine Weile behalten, ich brauche die Schippe in fünf Minuten. Aber dann gibst du mir sie gleich. *Giraffe:* Okay, danke.

Vertiefung für die Kinder

Die Kinder kümmern sich um die kleine Giraffe

Und erzählen ihr, was sie Unangenehmes erleben und wie sie sich dabei fühlen.
Sie erkunden ihre Gefühle und auch die Gefühle der anderen, wenn sie oder die anderen mit der Giraffe spielen.

Kinder lernen unangenehme Gefühle bei sich und bei anderen zu achten

Gefühlspantomime: Die unangenehmen Gefühle darstellen und erraten.

Rollenspiel: Die Kinder bauen sich zwei oder mehr kleine Drahtgiraffen und spielen erlebte Situationen vom Kindergarten oder von zu Hause nach. (Besonders gelungene Geschichte können für die Theateraufführung gesammelt werden.)

Kassettenrecorder: Ein Kassettenrecorder spielt den Kindern ein Lied erst leise, dann laut vor: Ein Kind spielt jetzt selber den Kassettenrecorder und ein Kind schaltet von leise auf laut und wieder auf leise: Laute Gefühle – leise Gefühle: Kinder erleben, wie sich ein Gefühl wandelt, durch eigenes ausprobieren: vom Kichern bis zum schallenden Lachen, vom Traurigsein bis zum Weinen mit lauten Schluchzen. Danach werden die Erlebnisse besprochen. Vertiefung: Unangenehm leise und unangenehm laute Musik werden erforscht, bis wohin ist es angenehm, wo wird es unangenehm, das ist bei jeden Mensch ein wenig anders. Die Kinder werden darauf aufmerksam gemacht.

Information für die Erzieher

Mit unangenehmen Gefühlen können wir leichter umgehen,

wenn wir in einem Klima aufwachsen, wo es erlaubt ist auch mal traurig zu sein, Schmerz zu haben, mich hilflos fühlen …,
wenn ich unangenehme Gefühle ausdrücken darf und dafür anerkennt werde, dass ich meine Verletzlichkeit und Betroffenheit zeige.

Je eher ich meine unangenehmen Gefühle ausdrücken kann, *desto weniger* aufgestaut und *wütend* sind meine Gefühle. Bei Ärger und Wut handelt es sich um starke Gefühle und daran geknüpfte Gedanken, dass ein anderer, was falsch macht und dass ein anderer schuld ist und demzufolge bestraft werden muss.
Die Erzieherinnen unterstützen die Kinder darin, ihre unangenehmen Gefühle auszudrücken, indem sie:

- Kleine Rollenspiele anbieten zu aktuellen unangenehmen Gefühlen, wo die Gefühle als spielerisch und entspannt erlebt und Mitgefühl und Achtsamkeit durch andere Kinder erfahren werden können.
- Auf unangenehme Gefühle aufmerksam und einfühlsam reagieren und damit den Kindern Modell stehen für Achtsamkeit.

- Unangenehme Gefühle *nicht* klein reden („Ach, das war doch nicht so schlimm."), *nicht* ignorieren oder ablenken („Lass uns schnell was spielen …, Sieh mal dort hinten …), *nicht* sofort Ratschläge erteilen („Dann schlag doch zurück …, Hol dir doch 'ne andere Schippe …,), sondern anerkennen, dass die Situation jetzt so ist und sich jemand so fühlt.

Besser:
Kinder mit ihren Gefühlen ernst nehmen und gemeinsam erkunden, was **Auslöser** (Beobachtung ohne Bewertung) und **Bedürfnis** (Was das Kind braucht oder was für das Kind wichtig ist.) und **Bitte** (Was ein Kind möchte, das es jemand tut.) sind.

Nach so einem Gespräch und vor allem, wenn das Kind sich verstanden fühlt, ist die „Schippe" oder ein anderer Auslöser für ein unangenehmes Gefühl oftmals nicht mehr so wichtig. Sollte es aus der Situation heraus nicht möglich sein ein Gespräch zu führen, können erlebte Situationen im Rollenspiel nachgegangen werden. Die meisten Situationen für unangenehme Gefühle kommen immer wieder, wir haben immer die Gelegenheit uns darin auszuprobieren, etwas anders zu tun, als wir es gewohnheitsmäßig tun.

Information für die Eltern

Die Eltern werden immer wieder darüber informiert, wie die Zeit im Kindergarten genutzt wird, auch der Umgang mit unangenehme Gefühle. Eltern werden ermutigt bewusst Zeit und Ruhe dafür in ihrem Alltag einzuplanen.

Unsere Empfehlung
Kinder brauchen besonders auch bei unangenehmen Gefühlen, wenn sie traurig, ärgerlich, gelangweilt oder misslaunisch sind, unsere Achtsamkeit dafür. Nachfragen und Zuhören ohne viele Ratschläge zu geben, helfen sehr.

Beispiel:
- „Bist du ärgerlich, weil du mitbestimmen möchtest, wohin wir heute Nachmittag einkaufen gehen?"
- „Bist du traurig, weil du gern mehr Zeit zum Spielen hättest?"
- „Du langweilst dich sehr. Magst du mir sagen, was du jetzt gern tun würdest?"

4. Beobachtung und Bedürfnisse

Anliegen
*   Bedürfnisse bei sich und anderen wahrnehmen
*   Bedürfnisse ausdrücken, Wortschatz erweitern
*   Meinen Hilfewunsch ausdrücken

Inhalt
1. Schnürsenkelspiel
2. Zusammen Aufstehen
3. Defizitspiel

Material
*   Punkte oder Bonbons

Durchführung

1. Schnürsenkelspiel

Der Erzieher hat Schnürsenkelschuhe an und ein Schnürsenkel ist offen. Er macht die Kinder darauf aufmerksam. Beispiel:

Mein Schnürsenkel ist auf. (**Beobachtung**)
Ich fühle mich unwohl. (**Gefühl**)
Ich hätte es gern in Ordnung, ich will nicht stolpern. (**Bedürfnis** nach Ordnung, Sicherheit)

Einige Kinder wollen sofort helfen, andere Kinder drücken ihre Befürchtung aus, dass der Erzieher stolpern könnte und der Schnürsenkel zugebunden werden muss.
Der Erzieher sagt, was er braucht. Er fragt nach Hilfe. Es fällt ihm schwer, sich zu bücken oder er kann keine Schnürsenkel allein binden. Kinder sind meisten spontan bereit zu helfen. *Unterstützen Sie ruhig dieses aufrichtige spontane gegenseitige Helfen.* Kinder können sich bei der guten Gelegenheit im Schnürsenkel binden ausprobieren. Sie haben Gelegenheit zu beobachten, welche Kinder sich zutrauen allein Schnürsenkel zu binden, welche Kinder es sich zutrauen und noch gar nicht können und welche Kinder es gar nicht versuchen. Alle brauchen Respekt und Wertschätzung dafür. Doch oft wird etwas nicht können, als noch klein, schwach unfähig oder zu langsam bewertet. Darum knüpfen wir jetzt mit dem Defizitspiel an. Zuvor bietet sich ein kleines Bewegungsspiel an: Zusammen aufstehen.

2. Zusammen Aufstehen

Die Kinder sitzen sich paarweise gegenüber und halten sich an den Händen. Ohne die Hände loszulassen versuchen sie zusammen aufzustehen. Möglich wäre es dann auch, dieses Spiel mit mehr als zwei Kindern und auch der ganzen Gruppe zu spielen. Das Spiel gelingt nur, wenn die Kinder sich aufeinander einstellen, in der Geschwindigkeit und Kräftigkeit ihres Tuns.

3. Defizitspiel

Die Kinder lernen spielerisch mit dem Defizitspiel auch ihre unerfüllten Bedürfnisse zu erkunden und anzuerkennen. Ein Kind geht in die Kreismitte und sagt, was es nicht kann. Für jedes *nicht können* gibt es einen Punkt. Die Kinder werden angeregt, viele Dinge zu erinnern, die sie nicht können. Es ist nicht peinlich etwas nicht zu können, wenn damit niemand allein dasteht und wenn ich ausdrücken kann, was ich nicht kann und gern können möchte.

Beispiel 1
Kind: Ich kann noch nicht meinen Namen schreiben.
Erzieher: Bist du traurig und möchtest gern lernen deinen Namen zu schreiben?
Kind: Ja.
Erzieher: Hast du an jemanden im Kreis eine Bitte, der mit dir lernt Namen zu schreiben?
Kind: Ich möchte mit meiner Mama lernen …

Beispiel 2
Kind: Ich kann noch nicht meinen Namen schreiben.
Erzieher: Bist du traurig und möchtest gern lernen deinen Namen zu schreiben?
Kind: Nein, ich möchte, dass du meinen Namen schreibst.
Erzieher: Aha. Du möchtest Unterstützung …

Beispiel 3
Kind: Ich kann noch nicht meinen Namen schreiben.
Erzieher: Bist du traurig und möchtest gern lernen deinen Namen zu schreiben?
Kind: Ich möchte gern mit meiner Freundin zusammen lernen meinen Namen zu schreiben.
Erzieher: Okay. Frag deine Freundin, ob sie mit dir gemeinsam lernen möchte …

Dieses Spiel ermöglicht viel Vertiefung. Ich kann auch Punkte verteilen für diejenige, die einem anderen Kind Unterstützung, Hilfe anbieten. Dann lege ich mehr Wert auf ein unterstützendes Klima untereinander.

Tipp:
Es wird bewusst darauf geachtet, dass die Anerkennung eines unerfüllten Bedürfnisses nicht gleichzeitig bedeutet, dass dieses Bedürfnis durch jemand anderen erfüllt werden **muss**. Dazu braucht es einer Bitte an den anderen oder eben seine spontane Bereitschaft.

Vertiefung

Spiele und Übungen helfen Kindern, unerfüllte Bedürfnisse bei sich und anderen zu erkennen und benennen zu lernen und vielfältige Handlungsstrategien zu erproben.

Was tun die Kinder?

- *Die Kinder erkunden*, *was Giraffen nicht können und was Fische nicht können (z. B. im Kindergarten spazieren gehen) und was Eltern nicht können (ihre Finger in ein winzigkleines Loch stecken) und was sie selber nicht können.* Sie überprüfen, was sie nicht können und brauchen.
- *Gesprächskreis:* Kinder überprüfen, wer ihnen helfen kann, wenn sie etwas nicht können. (Ich kann kein Haus malen …)

- *Bedürfnisse erraten:* Was braucht jemand, der traurig ist, was braucht jemand, der müde ist, was braucht jemand, der Hunger hat, was braucht jemand, der sich mit jemanden gestritten hat? Bedürfniswörter werden dabei bewusst von der Erzieherin hervorgehoben und in verschiedenen Zusammenhängen auch vor und nach der Gruppenarbeit verwendet. Zum Beispiel: Zwei Kinder streiten sich beim Essen um den Sitzplatz, welche Bedürfnisse könnten die Kinder haben?

Information für die Erzieher

Die Kinder lernen spielerisch mit der Giraffe auch ihre unerfüllten Bedürfnisse zu erkunden und anzuerkennen. Sie erweitern ihre Handlungsstrategien, indem sie überprüfen, wer ihnen Unterstützung geben kann. Achtung: Einige Bedürfnisse können wir uns nur in der Gemeinschaft erfüllen.

Wie können die Erzieherinnen die Kinder unterstützen?
Unsere unerfüllten Bedürfnisse brauchen Anerkennung und Respekt und können leichter wahrgenommen und ausgedrückt werden,

wenn wir in einem Klima aufwachsen, wo es erlaubt ist, auch hilflos zu sein und zu sagen, was ein Kind gerade nicht kann oder möchte,

wenn auch Erwachsene zeigen, wenn sie hilflos sind und Unterstützung brauchen oder etwas im Moment nicht möchten.

Tipp:
Der Erzieher bietet möglichst keine Lösung an, ehe nicht auch die Bedürfnisse geklärt sind. Die Frage nach den Bedürfnissen, ist die Frage danach, was jemand braucht? Bevor ich Lösungen anbiete oder mit Kinder gemeinsam erarbeite, steht immer die Frage, was ist das Bedürfnis, was braucht jemand. Die Bedürfnisse sind das Verbindende zwischen den Menschen, denn Bedürfnisse sind bei allen Menschen gleich. Jeder Mensch kennt das Bedürfnis nach Anerkennung, Spielen, Nahrung und Sicherheit. In Bedürfnissprache zu sprechen, unterstützt die Fähigkeit sich in den anderen einfühlen zu können.

Information für die Eltern

Bedürfnisse sind keine Wünsche. Im Gegensatz zu Wünschen hat es Folgen, wenn meine Bedürfnisse nicht erfüllt werden. Unerfüllte Bedürfnisse führen zu Frustrationen, Aggressionen und Krankheiten. Wenn ich etwas nicht brauche, wenn die Nichterfüllung eines Bedürfnisses folgenfrei bleibt, dann handelt es sich um kein Bedürfnis, dann sind es Wünsche. Wir erkennen Bedürfnisse an unseren Gefühlen. Gefühle signalisieren uns unsere Bedürfnisse. Angenehme Gefühle haben wir bei erfüllten Bedürfnissen, unangenehme Gefühle haben wir bei unerfüllten Bedürfnissen.

Wunsch	Bedürfnis	Erfüllung eines Bedürfnisses/Strategie
Gummibärchen	Genuss, Nahrung	Auf Gummibärchen kann ich verzichten, aber nicht auf Nahrung und Genuss.
Fernsehen	Entspannung, Information	Fernsehen brauche ich nicht unbedingt, aber Entspannung und Information brauche ich dringend.
viel Geld haben	Sicherheit	Geld kann ich nicht essen, aber Sicherheit für mich und meine Familie sorgen zu können, benötige ich.

Tipp:

Bedürfnisse habe ich nur für mich. Was der andere tut, kann mein Bedürfnis erfüllen und unterstützen, aber es ist nicht mein Bedürfnis. Zum Beispiel:

- Ich habe nicht das Bedürfnis, dass du pünktlich bist, sondern ich habe das Bedürfnis z. B. nach Zuverlässigkeit.
- Ich habe nicht das Bedürfnis, dass du dein Zimmer aufräumst, sondern ich haben das Bedürfnis nach Unterstützung und Ordnung.
- Ich habe nicht das Bedürfnis, dass du isst, sondern ich habe das Bedürfnis nach Sicherheit, dich richtig zu versorgen und für deine Gesundheit/Ernährung beizutragen.

Bedürfnisse und Strategien

Anliegen
- Bedürfnisse und Strategien unterscheiden
- Strategien in Konflikten sehen lernen
- Sonnenspiel: Die Schönheit meiner Gefühle und Bedürfnisse sehen

Inhalt
1. Vertrauensspiel
2. ein Platz an der Sonne
3. Sonnenspiel

Material
- gelber Kreis und gelbe Streifen, Kleber
- Sonnensymbol (Sonne, Badetuch und Ball oder ähnliches)

Durchführung

1. Vertrauensspiel

Zwei Kinder stehen hintereinander. Das erste Kind schließt die Augen und lässt sich langsam nach hinten fallen. Der Erzieher achtet darauf, dass etwa gleichgroße Kinder zusammenspielen. Er steht nah genug, um gegebenenfalls das Kind aufzufangen. *Einige Kinder trauen sich eventuell nicht gleich beim ersten Mal sich echt fallen zulassen. Da gibt es einen zweiten Versuch. Einige Kinder wollen auch nur zuschauen.* Hinterher gibt es ein Gespräch über Vertrauen. Einige Kinder erzählen, wo sie Vertrauen hatten und was ihnen dabei geholfen hat. Manche Kinder brauchen viele Beispiele, um das Wort **Vertrauen** zu verstehen.

2. Ein Platz an der Sonne

Eine Decke mit einem Sonnensymbol liegt im Stuhlkreis. Die Erzieherin fragt die Kinder, wer eine Platz an der Sonne haben möchten. *Fast alle Kinder wollen sofort einen Platz haben, einige stehen auch gleich schon auf, um schneller auf der Decke zu sein. Die Erzieherin schaut zu, was jetzt passiert. Einige Kinder setzen sich auf die Decke, dann rennen fast alle anderen Kinder auch zur Decke und drängeln sich um einen Platz.* Die Erzieherin bittet die Kinder sich zurück in den Stuhlkreis zu setzen und fragt nach, wie sich die Kinder gefühlt haben, auf der Decke und beim hingehen/hinrennen zur Decke. Die Kinder berichten, von ihren Ängsten keinen Platz zu bekommen, von ihrem Bedürfnis nach Gerechtigkeit, weil einige schon aufgestanden waren und so schneller an der Decke sein konnten als andere Kinder, dass ihnen drängeln keinen Spaß macht. Anderen Kindern wiederum machte es Spaß. Die Erzieherin bewertet diese Aussagen nicht, sondern macht die Kinder aufmerksam, wie verschieden doch die Bedürfnisse bei jedem Kind sind und dass dies gut ist, zu wissen, dann kann ich die Bedürfnisse des anderen bei meinen Handlungen besser berücksichtigen. Die Kinder entwickeln gemeinsam Lösungen, wie jeder, der will, einen Platz an der Sonne bekommen kann.

3. Sonnenspiel – Die Schönheit meiner Gefühle und Bedürfnisse sehen

Für jedes Bedürfnis gibt es unendlich vielfältige Möglichkeiten zur Erfüllung. Wie wir uns Bedürfnisse erfüllen, das sind unsere Strategien. Kenne ich nur eine Strategie oder erlaube ich mir nur eine Strategie, dann wird es schwer Bedürfnisse auf Dauer zu erfüllen. Die Kinder sitzen im Kreis und erkunden gemeinsam ein Bedürfnis und die vielen Strategien, sich dieses zu erfüllen. Die Erzieherin schreibt jede Strategie auf einen Streifen und klebt den Streifen an einen gelben Kreis, so dass ein Sonnenbild entsteht.

Mit der **Strategie-Sonne** erkunde ich Möglichkeiten, wie ich mir mein Bedürfnis erfüllen kann. Zum Beispiel: Was erfülle ich mir, wenn ich auf dem Platz sitzen möchte, auf dem gerade ein anderes Kind saß, bzw. was erfüllt sich das Kind dadurch, dass es seinen Platz von eben unbedingt wiederbekommen will.

In dem Moment,
wo man Menschen dazu bringen kann, darüber zu reden,
was sie möchten,
anstatt darüber,
was mit der anderen Person
nicht stimmt,
sieht man sofort
eine Möglichkeit
für den Beginn einer Lösung.

Marshall Rosenberg

Vertiefung

Strategie-Sonnen mit Kindern gemeinsam erstellen oder Strategie-Sonnen ergänzen, wenn ein Kind etwas tut, woran noch gar keiner gedacht hat.

Strategie-Sonnen eignen sich auch zur Bearbeitung von immer wiederkehrenden Konflikten (Sachen wegnehmen, Platz wegnehmen, Spiel umwerfen, schubsen …) im Kindergarten, damit den Kindern viele Handlungsalternativen bewusst werden. Die Strategie-Sonnen können im Gruppenraum Platz bekommen, sie zeigen die Schönheit unserer Bedürfnisse und unsere Kreativität, uns Bedürfnisse zu erfüllen.

Information für die Erzieher

Das Kernstück der Wertschätzenden Kommunikation ist das Erkunden unserer Bedürfnisse. Dabei verstehen wir unter Bedürfnisse alles das, was Menschen zum Leben brauchen, wie Nahrung, Luft zum Atmen, Wärme (körperliche Bedürfnisse), Geborgenheit, Sicherheit, Kontakt, Zugehörigkeit, Wertschätzung (soziale Bedürfnisse), auch Kreativität, Spiel und Aktivität gehören zu unseren Bedürfnissen. Bedürfnisse sind universell, dass heißt, alle Menschen, zu allen historischen Zeiten, in allen Kulturen haben die gleichen Bedürfnisse. Bedürfnisse sind immer positiv, es sind die Dinge, die wir zu Leben, zum Überleben brauchen. (Siehe Bedürfnisliste)

Bedürfnisse unterscheiden wir von *Strategien*. Strategien sind die Art und Weise, wie wir uns Bedürfnisse erfüllen. Eigentlich gibt es unendlich viele Möglichkeiten sich Bedürfnisse zu erfüllen, jedoch wird meistens nur *eine* Möglichkeit in Betracht gezogen und da beginnen die Konflikte. Konflikte entstehen nicht auf der Bedürfnisebene, sondern auf der Ebene der Strategien. Zum Beispiel:

- Klara und Elias wollen *spielen* (Bedürfnis). Sie wollen sich dieses Bedürfnis mit ein und derselben Sandschippe erfüllen (Strategie) und geraten dabei in Konflikt. Das Bedürfnis nach Spielen, lässt sich in unendlichen vielen Formen erfüllen, jedoch nicht in jedem Fall mit einer Sandschippe.

- Klara will *Gerechtigkeit* (Bedürfnis) und Elias will *Anerkennung* (Bedürfnis). Die beiden Bedürfnisse stehen nicht im Konflikt. Es gibt Strategien, die es ermöglichen, sowohl Gerechtigkeit als auch Anerkennung zu erfüllen (Strategie 1) und es gibt Strategien (Strategie 2), wo nur eines der

beiden Bedürfnisse sich erfüllt und damit, der eine sich auf Kosten des anderen ein Bedürfnis erfüllt. Die **Strategie 1** könnte zum Beispiel so aussehen, dass sich Klara erstmal anschaut, was Elias mit der Schippe gebaut hat und ihm Anerkennung ausdrückt und sie dann fragt, wann Elias bereit sei, eine Vereinbarung zu treffen, wann sie die Schippe bekommen kann, da ihr Gerechtigkeit wichtig ist. **Strategie 2** könnte sein, dass Klara Gerechtigkeit einfordert und die Schippe sogleich haben möchte, Elias sie nicht abgeben möchte und plötzlich einer von beiden im Frust die Sandburg zerstört. Dann haben beide einen Konflikt, wo die Wahrscheinlichkeit sinkt, dass eines der beiden Bedürfnisse sich erfüllt. Der Konflikt eskaliert und wahrscheinlich greift jemand von außen ein.

- Für die Auflösung solcher Konflikte können die *Strategien-Sonnen* helfen, die den Kindern verdeutlichen, wie viele Möglichkeiten sie haben.

Tipp:
Je mehr Handlungsstrategien mir einfallen, *desto größer ist die Chance*, dass ich mir meine Bedürfnisse erfüllen kann.

Information für die Eltern

Wenn Bedürfnisse lange Zeit unerfüllt bleiben, wie z. B. Beachtung, Anerkennung, Nahrung, Ordnung und Harmonie, Freude, dann werden Menschen frustriert, traurig, krank und einige Menschen werden sehr wütend. Das ist bei Kindern auch so.

Darum ist es wichtig, mit Kindern über unerfüllte Bedürfnisse zu reden und Lösungen/Strategien zu finden.

Unsere Empfehlung:
Es fällt uns nicht immer leicht, zu sagen, was wir brauchen, unsere unerfüllten Bedürfnisse anzusprechen und zu sagen, was wir nicht können und um Hilfe zu bitten. Kindern geht es auch so.

Gerade dann, braucht jeder Mensch, einen verständnisvollen *Zuhörer*.
Wir hören unseren Kindern zu, *was sie brauchen* (Bedürfnis) und überlegen gemeinsam mit ihnen, *was sie alles tun könnten*.

Beispiel:

Mein Kind möchte *Eis* kurz vorm Mittagessen und fragt nach, ob Mama sie lieb hat und ob es Eis bekommen kann. Mein Kind hat dann wahrscheinlich ein Bedürfnis nach Wertschätzung und auch Hunger und Durst. Ich frage nach und überprüfe meine Vermutung.

Wie kann sich mein Kind Hunger, Durst und Wertschätzung zugleich erfüllen?

Ergebnisse eines gemeinsamen Gespräches können viele Alternativen sein.

Die Lösungs-Sonne.

6. Bitten und Forderungen

Anliegen
* Bitten sagen
* Bitten hören
* Unterstützungskultur stärken

Inhalt
1. Hausspiel
2. Landebahn
3. Test-Spiel

Material
* ein größeres stabiles Tuch

Durchführung

1. Kann ich bitte in dein Haus?

Eine Decke mit Stuhl soll das Haus darstellen. Ein Kind sitzt auf dem Stuhl im Haus und hat die Aufgabe zu entscheiden, wie viele Gäste in sein Haus kommen dürfen. Meistens passen zunächst alle Kinder der Gruppe mit auf die Decke, dann wird die Decke halbiert hingelegt und ein Stuhl hineingestellt. Gleiches Spiel: Die Decke kann auch geviertelt werden. Einerseits regt es bei Kindern die Phantasie an, wie man es machen kann, dass alle Kinder Gast sein können. Je kleiner die Decke ist, umso schwieriger wird es. Das Kind, was auf dem Stuhl sitzt hat die Aufgabe NEIN zu sagen, wenn ihm zu viele Kinder im Haus sind. Zum Beispiel: „Nein, mir ist es zu eng, ich brauche Platz." Erhöhter Schwierigkeitsgrad: Die Kinder, die ins Haus rein wollen, finden originelle Formen des Bittens, damit sie rein dürfen. Das Kind im Haus begründet seine Entscheidung wieder: „Nein, ich möchte, dass du mich nicht heute besuchst, weil ich schon Besuch habe. Kannst du morgen kommen?"

2. Landebahn

Im Raum gibt es eine Landebahn für ein Flugzeug. Mit Krepppapier oder Kreide wird die Begrenzung der Landebahn markiert. Auf die Landebahn werden Gegenstände gelegt: Kuscheltier, Stift, Luftballon oder anderes. Es wird im Zweierteam gespielt: der Pilot und der Lotse. Es gibt starken Nebel. Der Pilot steht mit geschlossenen Augen am Anfang der Landebahn. Der Lotse führt den Piloten. Nachdem dem Piloten die Augen verbunden wurden, werden die Gegenstände auf der Landebahn nochmal verschoben. Der Lotse hat die Aufgabe dem Piloten sehr genau zu sagen, was er tun soll, um über die Landebahn mit geschlossenen Augen zu gehen und möglichst keine Gegenstände zu berühren. Damit wird geübt, so klar wie möglich, BITTEN zu formulieren und die Wichtigkeit von klaren Formulierungen zu erkennen, denn sagt ein Kind nur, geh nicht da lang, weiß das Kind nicht, wo es lang gehen soll. Dieses Spiel kann mit einem oder zwei Kindern erstmal ohne verbundenen Augen ausprobiert werden.

3. Testen von erfüllbaren und unerfüllbaren Bitten

Den Kindern werden Bitten genannt und sie entscheiden, ob sie das tun können. Bei Bitten, die sie nicht erfüllen können, wird versucht herauszufinden, was möglich wäre und die Bitte umzuformulieren:
Steig auf den Stuhl. Lege dich in ein Buch. Begrüße die Sonne. Wackle mit dem kleinen Finger. Stell dich auf den Kopf. Mach ein Meter große Schritte, iss 100 Kugeln Eis auf einmal … usw.
Beispiel: Steig auf den Stuhl. Kind steigt auf den Stuhl.
Lege dich in ein Buch. – Nein ich kann mich nicht in ein Buch legen, aber ich kann meinen Finger in ein Buch legen.

Vertiefung

* Kinder malen ein Bild zum Thema: Wie kann ich ein anderes Kind unterstützen? Beim Gespräch danach über die Bilder, wo jedes Kind sein Bild vorstellen kann, achte die Erzieherin darauf, dass echte Bitten auf Freiwilligkeit basieren.

Information für die Erzieher

Wie können die Erzieherinnen die Kinder unterstützen?

* Es wird bewusst darauf geachtet, wenn jemand etwas möchte, dass er es als Bitte formuliert und damit sich selber bewusst wird, dass er von einem anderen Menschen etwas braucht. Drücken wir keine Bitten aus, bedeutet es für die anderen, sie können nur raten, was der andere sich gerade wünscht. Das ist oftmals sehr schwer, wir sind keine Hellseher.
* Es wird weiterhin bewusst darauf geachtet, wenn jemand eine Bitte äußert, dass diese Bitte **nicht** durch jemand anderen erfüllt werden **muss**. Der andere kann NEIN sagen.

Tipp:
Bitten sind verständlicher, wenn wir sagen, was wir uns wünschen, statt zu sagen, was wir uns nicht wünschen. Es ist sehr schwer, etwas nicht zu machen. Beispiel:

A: Rede nicht so viel.
B: Okay, dann spiele ich jetzt Fußball.

Besser:

A: Arbeite jetzt bitte an der Aufgabe weiter.
B: Okay.

	Bitte werden positiv formuliert.
Sei nicht so laut.	Mach bitte die Musik jetzt leise. Okay?
Komm nicht so spät.	Komm bitte morgen 8.45 Uhr in die KITA. Ja?
Geht's nicht ein bisschen schneller.	Leere den Papiermüll bitte jetzt im blauen Container aus. Geht das?

* Bitten werden positiv formuliert.
* Bitten werden in Handlungssprache formuliert.

- Bitten werden klar und konkret ausgesprochen.
- Bitten enthalten eine Nachfrage, ob der andere bereit ist, die Bitte zu erfüllen.
- Bitten sind konkret im hier und jetzt erfüllbar und überprüfbar.

Information für die Eltern

Echte Bitten sind keine Höflichkeitsformen, sondern Ausdruck, dass ich mir Unterstützung von einem anderen Menschen wünsche. Dabei bin ich mir bewusst, dass niemand dazu geboren wird, für jemand anderen dazu sein. Die Erfüllung einer Bitte ist ein Geschenk, was mir ein anderer Mensch macht. Habe ich dagegen Erwartungen an andere Menschen, was sie gerade tun sollen, sind dies Forderungen. Nur ist es oft so, dass niemand gern Forderungen erfüllt. Echte Bitten jedoch werden auf der Basis der Freiwilligkeit oft gern erfüllt und bereiten uns Freude und oft verspüren wir Dankbarkeit dafür. Eine echte Bitte erkenne ich daran, dass ich auch NEIN sagen kann. Ich entscheide mich also: Möchte ich, dass jemand freiwillig und freudvoll tut, was ich mir wünsche oder möchte ich, dass jemand es nur tut, weil ich ihn dazu zwinge, es zu tun.

Tipp:
Die Folge von Forderungen ist meistens Kontrolle. Wenn jemand etwas nur tut, weil er es tun muss, wird er meistens sofort aufhören damit, wenn der Forderer abwesend ist. Das heißt, um die Forderung auch in Abwesenheit wirksam zu gestalten wird Kontrolle eingeführt. Der Erzieher muss sich dann also auch noch mit der Kontrolle beschäftigen. Das kostet erfahrungsgemäß viel Zeit und positive Energie geht verloren. Auch, um Kontrolle zu vermeiden, lohnt es sich mit Bitten freiwilliges Tun anzuregen und BITTEN immer wieder auszuprobieren, auch wenn ich einige Male Enttäuschungen erlebe.

BITTE erfüllen wir nicht
• aus Angst vor Bestrafung
• in den Glauben, dass ich dann mehr Liebe bekomme
• aus Schuld oder Scham
• aus Verpflichtung
BITTEN erfüllen wir
• um den anderen zu unterstützen
• um den anderen eine Freude zu bereiten
• um uns selber eine Freude zu bereiten
• aus Freiwilligkeit

Drei Empfehlungen:
1. Sagen Sie klar, um was sie bitten, nicht, um was sie nicht bitten.

      Schau nicht immer zum Fernseher.
Besser: Schau mich bitte an, wenn ich mit dir rede.

2. Sagen Sie genau, welche Handlung sie sich von ihrem Kind wünschen.

      Räume bitte dein Zimmer auf.
Besser: Ich bitte dich jetzt, die T-Shirts und Hosen ins Bad zu bringen und dein Spielzeug in die Spielzeugkiste zu legen.

3. Prüfen sie nach, ob ihr Kind bereit ist, ihre Bitte zu erfüllen.

       Du räumst jetzt sofort dein Zimmer auf.

Besser: Räume jetzt bitte sofort dein Spielzeug in die Kiste. okay?

Wenn Ihr Kind NEIN sagt, können sie nachfragen, was das Kind braucht, um ihre Bitte doch zu erfüllen, vielleicht noch 10 Minuten spielen und dann das Spielzeug in die Kiste räumen.

7. Umgang mit NEIN

Anliegen
- Nein sagen lernen
- Nein hören können
- Freiwilligkeit/Wahl erleben

Inhalt
1. Vor Freude platzen
2. Ja-Nein-Spiel
3. Rollenspiel

Material
- ein größeres stabiles Tuch

Durchführung

1. Vor Freude platzen

Die Kinder sitzen im Kreis. Jedes Kind bekommt einen Luftballon und ein Kind geht herum. Das Kind versucht zu erraten, über was sich die anderen Kinder am meisten freuen würden. Hat das Kind richtig geraten, dann darf es den Luftballon mit einer kleinen Pin-Nadel platzen lassen. Einige Kinder freuen sich Achterbahn zu fahren, ganz viel Spielzeug zu besitzen oder viel Eis zu essen, neben der Freundin zu sitzen, ganz viele Geschenke zu bekommen usw. Wir überlegten dann gemeinsam, wie können wir uns unsere Wünsche erfüllen. Die Kinder kamen darauf, dass sie die Mutti und den Vati bitten könnten. Zugleich erinnerten sie sich, dass diese Bitten auch abgelehnt wurden. Was können Kinder jetzt tun, wenn sie eine BITTE haben und der andere sagt NEIN. Wir nutzen die Gelegenheit, um mit den Kindern über **BITTEN** zu reden. Sie haben meistens selber viele Ideen, wie man sich unerfüllte Wünsche doch erfüllen kann und bieten dazu ihre Hilfe an. Unsere Erfahrungen sind, dass die Kinder auch sehr viel Verständnis für die Entscheidungen ihrer Eltern äußerten. Manche Kinder waren traurig, dass ihre Wünsche sich nicht so erfüllen, wie sie es gern hätten. Sie bekamen Trost und Verständnis von den anderen Kindern.

2. Ja-Nein-Spiel

Die Kinder bekommen Fragen gestellt und können sich in zwei Felder stellen – in das Ja-Feld oder in das Nein-Feld, die für die Kinder eindeutig markiert werden. Solche Fragen sind zum Beispiel: Isst du gern Spagetti? Spielst du gern mit dem Ball? Räumst du gern dein Zimmer auf? Hörst du gern Geschichten? Hilfst du gern deiner Mama? Stehst du gern früh auf? Schaust du gern Fernsehen? Die Kinder erfahren von einander, was sie gern oder nicht gern tun. Die Erzieherin leitet das Gespräch über die Dinge, die Kinder nicht gern tun und fragt nach, bis ein JA entsteht: Du isst nicht gern Spagetti, aber Fischstäbchen. Du stehst nicht gern früh auf, außer es ist Nikolaus-Tag … In jedem NEIN steckt ein JA drin. Für jedes umgewandelte ja, gibt es einen Punkt. Die Kinder spielen das Spiel solange sie Lust haben.

3. Rollenspiel

Rollenspiel 1:

Ein Kind spielt einen Erwachsenen, der etwas will und ein anderes Kind spielt das Kind, das NEIN sagt.

Kind als Erwachsener: Putz dir die Zähne!
Kind: Nein, ich will nicht Zähne putzen, ich will spielen.

Die Kinder spielen den Dialog weiter mit den Erfahrungen, die sie haben und die Erzieherin nutzt die Gelegenheit zur Beobachtung und unterstützt das Gespräch, das jeder sich verständlich machen kann.

Rollenspiel 2:

Ein Kind spielt den Erwachsenen, der Nein sagt und das andere Kind spielt das Kind, was etwas will.

Kind: Kauf mir bitte ein Eis!
Kind als Erwachsener: Nein, wir essen gleich Mittag.

Die Kinder spielen den Dialog weiter mit den Erfahrungen, die sie haben und die Erzieherin nutzt die Gelegenheit zur Beobachtung und unterstützt das Gespräch, das jeder sich verständlich machen kann.

Vertiefung

- Alltagssituationen werden genutzt, um das Ja hinter jedem NEIN sichtbar zu machen.
  Kind: Ich will keine Suppe essen.
  Erwachsener: Du willst keine Suppe, weil du keinen Hunger hast?
  Kind: Ich will nicht aufräumen.
  Erwachsener: Du willst nicht aufräumen, du willst lieber spielen?
- Kinder werden angeregt, statt zu sagen, was sie nicht wollen, zu sagen, was sie wollen.
  Kind: Ich will keine Suppe essen.
  Erwachsener: Jetzt weiß ich, was du nicht willst. Sagst du mir bitte, was du essen willst.

Information für die Erzieher

Wird eine Bitte abgelehnt, gibt es vier Möglichkeiten des Hörens:

Vier Ohren Modell – Vier Varianten zu hören
1. Selbstvorwurf nach innen:
Mit mir ist etwas nicht in Ordnung, ich habe was falsch gemacht.

2. Selbstvorwurf außen:
Mit dem anderen ist etwas nicht in Ordnung, Vorwürfe gegen die andere Person.

3. Meine Gefühle und Bedürfnisse:
Ich fühle mich …, weil ich … brauche.

4. Die Gefühle und Bedürfnisse des Anderen:
Fühlst du dich …, weil du … brauchst.

Zum Beispiel:
Erzieherin: Gib mit die Schippe zurück.
Kind: NEIN.

Erzieherin hört:
1. *Das war blöd von mir, mich da einzumischen. Jetzt habe ich noch mehr Ärger.*
2. *Die Jungen sind immer so rücksichtslos.*
3. *Ich fühle mich angespannt und brauche Ruhe.*
4. *Der Julius ist wütend, weil er seine Burg zu Ende bauen will.*

Die Erzieherin könnte jetzt überprüfen, ob ihre Vermutung stimmt, dass Julius wütend ist, weil er die Burg weiter bauen will und zugleich dafür sorgen, dass der Konflikt nicht weiter eskaliert, denn da steigt die Chance etwas Ruhe zu haben. Während Variante 3 (meine Gefühle und Bedürfnisse) und Variante 4 (die Gefühle und Bedürfnisse des anderen) ermöglichen in lösungsorientiertes Handeln überzugehen, führen Variante 1 (Selbstvorwürfe) und Variante 2 (Vorwürfe zum anderen) nicht wirklich zu einer Lösung.

Information für die Eltern

Die Kinder lernen spielerisch mit der Giraffe, Bitten auszudrücken und sich zugleich mit der Ablehnung von Bitten auseinander zu setzen. Sie erweitern ihre Handlungsstrategien, in dem sie mehr Sicherheit bekommen und die Ablehnung einer Bitte, nicht als Ablehnung ihrer Person hören. Sie lernen auch, dass es wichtig ist, selber NEIN zu sagen, wenn sie etwas nicht wollen.

Tipp:
Nein ist immer auch ein Ja zu etwas anderem.

Nein	Ja, zu was anderem
Nein. Ich will nicht aufräumen.	Ich will spielen.
Nein. Ich will nicht essen.	Ich will Eis.
Nein. Ich will nicht Hände waschen.	Ich will etwas trinken.
Nein	**Ja, zu was anderem**
Nein. Ich will dir kein Eis kaufen	Ich will, dass du etwas Warmes isst.
Nein. Ich will nicht dein Zimmer aufräumen.	Ich brauche deine Unterstützung beim Zimmer aufräumen.
Nein. Ich will keine Geschichte vorlesen.	Ich bin müde und brauche Schlaf.

8. Umgang mit Wut

Anliegen
- eigene Wut wahrnehmen (Distanz schaffen)
- Gefühle und Bedürfnisse ausdrücken, die hinter der Wut sind
- Impulskontrolle

Inhalt
1. Wut-Pantomime
2. Das gespannte Tuch
3. Stopp-Spiel

Material
- rote Hand aus Pappe
- ein größeres stabiles Tuch

Durchführung

1. Wut–Pantomime

Die Kinder laufen als Wildkatzen im Raum. Auf Ansage durch die Erzieherin verwandeln sich die Katzen in zärtlich mauzende oder grimmig aufgebrachte Miezen. Nachdem sich die spielerische Aufregung gelegt hat und die Kinder im Sitzkreis ihre Erfahrungen mit ihren Haustieren erzählen konnten. Die Erzieherin macht im Gespräch drauf aufmerksam, wie es aussieht, wenn Menschen liebevoll oder wütend sind. Die Kinder können sich darin ausprobieren, Wut pantomimisch darzustellen, solange gute Aufmerksamkeit dafür ist. Die Erzieherin fragt die Kinder, an welche Situation sie sich erinnern, in der jemand wütend war. Es ist meist leichter erstmal die Wut bei anderen wahrzunehmen. Die Kinder versuchen herauszufinden, was passiert war, wie sich das Kind oder der Erwachsene fühlte und was es/er brauchte.

2. Das gespannte Tuch

Meistens wollen Kinder vor allem hören, wer nun Recht hatte und wer schuldig gewesen sei. Die Erzieherin bietet den Kindern ein Tuch an. Die Aufgabe ist es zunächst das Tuch gespannt zu halten. Dann spielt ein Kind ein wütendes Kind und zerrt dann an dem Tuch. Der andere kann jetzt zwischen drei Möglichkeiten entscheiden: 1. er zerrt auch am Tuch, 2. er lässt das Tuch los oder 3. er lässt das Tuch nicht los, aber auch nicht gespannt. Die Erzieherin macht die Kinder darauf aufmerksam, dass Wut mit Spannung verbunden ist. Ich kann entscheiden, ob ich die Spannung mitspiele oder ob ich, was anderes tue. Zwei Kinder streiten sich um eine Schippe, zwei Kinder streiten sich um einen Platz … u.a.

3. Stopp-Spiel

Ein Kind geht auf ein anderes Kind langsam zu. Das andere Kind hat eine rote Hand aus Pappe und sagt Stopp, wenn es möchte, dass das andere Kind nicht mehr näher herankommt. Dieses Spiel kann mit vielen ähnlichen Situationen wiederholt werden (z.B. Kassettenrecorder langsam lauter stellen). Auch Kinder, die sich nicht Stopp zu sagen trauen, können leicht mitspielen und das Stopp mit der roten Hand symbolisieren.

Jedoch achtet die Erzieherin darauf, dass die Kinder möglichst auch Stopp aussprechen. Kinder erzählen, was sie nicht mögen und überlegen gemeinsam, wie man Stopp sagen kann, wenn sich zwei streiten, wenn es zu laut ist, wenn jemand einem anderen weh tut, wenn es zu schnell geht usw.

Vertiefung

Stoppspiele:	Kinder üben in verschiedenen Alltagssituationen genau ihre Bedürfnisse wahrzunehmen und auch Stopp zu sagen (z. B. Wie viel Essen willst du auf den Teller, sage bitte Stopp, wenn's dir reicht.).
Wut malen:	Kinder lernen ihrer Wut zu beobachten, sie können Wut mit Farben ausdrücken, Kinder können mit Strichmännchen, die wütend sind zeichnen.
Spiele in der Wutecke:	Kinder bekommen spielerischen Raum, die Kraft der Wut zu spüren: z. B. altes Telefonbuch zerfetzen, Kissenschlacht, auch Stopp-and-Go-Spiele, Nachahmungsspiele dienen dazu, zu erleben, dass ich Wut auch in mir selber stoppen kann.

Information für die Erzieher

Wut bei Kindern zeigt neben einem altersbedingten Lernprozess der Impulskontrolle, trotzdem ja immer auch die Not eines Kindes, zu glauben, sich nicht anders durchsetzen oder ausdrücken zu können. Das Bedürfnis hinter der Wut braucht unbedingt Respekt.

Wird Aggression als erfolgreich in der Konfliktbewältigung erlebt, prägt sich dies ins Gehirn ein. Das Kind sucht dann aggressive Vorbilder. Die Kopplung von erfolgreicher Konfliktbewältigung und Gewalt lässt sich aufbrechen, wenn die Bedürfnisse klar sind, die hinter der Wut stehen und das Kind andere Möglichkeiten wahrnehmen kann, seine Bedürfnisse zu erfüllen oder Aufmerksamkeit für seine Bedürfnisse zu bekommen.

Information für die Eltern

Das Thema Wut ist für viele Eltern ein großes Thema, weil auch Eltern oft nicht wissen, wie sie ihren eigenen Ärger ausdrücken können. Dieses Thema wird daher in einem Elterngespräch extra angeboten. Eltern können dabei ihre Erfahrungen mit Wut in der Erziehung beim Kind ausdrücken und reflektieren.

Das ist typisch für Wut:

1. Unsere **Bedürfnisse** sind **nicht erfüllt.**
2. Wir glauben, **jemand ist** *schuld* daran.
3. Wir lösen *Widerstand* beim anderen aus – durch wütendes sprechen (Stimmlage meist: schreien, laut) oder wütendes Handeln (meist: heftig, schnell).
4. Unsere ganze Aufmerksamkeit ist darauf gerichtet, was wir *nicht* wollen.

Es geht nicht darum, Wut und Ärger zu unterdrücken, sondern es geht darum, Wut und Ärger so auszudrücken, dass wir die Unterstützung und den Respekt von anderen bekommen, den wir brauchen.

Unterstützend wirkt eine Sprache,

- in der wir den anderen nicht beschuldigen;
- wir sagen, was wir brauchen, statt zu sagen, was wir nicht wollen und

- wir vorschnelle Handlungen oder Wörter, die Widerstand provozieren, vermeiden.

Bewusstes Luft holen und sagen, dass ich Zeit brauche und mich nicht drängen lasse, unterstützt dies meistens auch.

Zum Beispiel:

Wut-Sprache	Besser: Bedürfnis-Sprache
Beschuldigung	**Gefühl und Bedürfnis ausdrücken**
Ich bin sauer, **weil DU** …	**Ich bin** sauer, **weil ICH** …
Dem anderen wird unterstellt, dass er etwas tut, um mich zu ärgern. Ich lasse den anderen meine Wut spüren, meistens noch verbunden mit einer Strafe.	Ich übernehme Verantwortung für meine Gefühle und beschuldige nicht den anderen. Zugleich drücke ich klar aus, was ich fühle und was ich brauche.
Ich bin sauer, **weil du** schon wieder nicht aufgeräumt hast. Das sieht aus, wie im Saustall. Ehe du nicht aufgeräumt hast, gibt es kein Fernsehen.	**Ich bin** sauer, **weil ich** Unterstützung brauche. Ich bitte dich jetzt deinen Pullover in den Schrank zu legen. Okay!?

9. Anhang

Wir spielten wir mit den Kindern die erlebten Übungen in einem Theaterstück noch einmal nach und sicherten somit einerseits die Wiederholung des Erlebten und Erinnerung daran sowie die Überprüfung, was tatsächlich bei den Kinder angekommen ist.

Gefühlsliste 1

Gefühle, wenn unsere Bedürfnisse erfüllt sind
aktiv, angeregt, behaglich, belebt, berührt, bewegt, dankbar, energievoll, enthusiastisch, erfüllt, erleichtert, erlöst, erregt, erstaunt, erwartungsvoll, fasziniert, frei, freudig, friedlich, fröhlich, gebannt, geborgen, gelassen, glücklich, großherzig, gutmütig, heiter, hoffnungsvoll, interessiert, involviert, lebhaft, liebevoll, lustig, munter, mutig, neugierig, optimistisch, ruhig, sanft, sicher, sorglos, stolz, überrascht, unbekümmert, unternehmungslustig, vertrauensvoll, wach, zärtlich, zufrieden

Gefühlsliste 2

Gefühle, wenn unsere Bedürfnisse nicht erfüllt sind
abwesend, ängstlich, ärgerlich, angespannt, apathisch, bekümmert, belastet, besorgt, bestürzt, betrübt, bitter, deprimiert, durcheinander, feindselig, frustriert, düster, einsam, elend, entsetzt, enttäuscht, erschöpft, erschreckt, faul, furchtsam, gehemmt, gelangweilt, gemein, gleichgültig, hasserfüllt, hilflos, irritiert, melancholisch, miserabel, müde, kalt, konfus, krank, kribblig, kummervoll, lethargisch, matt, neidisch, nervös, niedergeschlagen, passiv, pessimistisch, schamvoll, ungeduldig, unsicher, unruhig, schlecht, schmerzvoll, schuldig, traurig, überlastet, verloren, verzagt, verzweifelt, widerwillig, wütend, zornig

Bedürfnisliste

Physische Bedürfnisse
Luft, Essen, Bewegung, Ruhe, Sexualleben, Unterkunft, körperliche Nähe, Wasser, Schutz vor lebensbedrohenden Arten, Natur, Gesundheit

Persönliche Bedürfnisse
Autonomie, Kreativität, Selbstwert, Akzeptanz, Wertschätzung, Harmonie, Schutz, Sicherheit, Friede, Ordnung, Inspiration, Achtsamkeit, Zuverlässigkeit

Soziale Bedürfnisse
Unterstützung, Respekt, Verständnis, Vertrauen, Liebe, Empathie, Rücksichtnahme, Spielen, Nähe, Gesellschaft, Feiern, Beteiligung, Zugehörigkeit

Blanco-Gefühlskarte

Literatur

Marshall Rosenberg; Gewaltfreie Kommunikation. Eine Sprache des Lebens., Paderborn, Junfermann 2005.

Marshall Rosenberg; Kinder einfühlend ins Leben begleiten. Elternschaft im Licht der gewaltfreien Kommunikation, Junfermann, Paderborn, 2005.

Weiterführende Literatur

Frank und Gundi Gaschler; Ich will verstehen, was du wirklich brauchst, Kösel, 2007.

Nada Ignjatoviç-Saviç, Milica Krstanoviç, Zorica Trikiç, Dragana Koruga, Usanka Jerkoviç; Worte sind Fenster – oder sie sind Mauern. Teil 1–3, Ein Programm in Gewaltfreier Kommunikation Belgrad 1996, München 1998.

Literatur für Kinder in der junferlino edition

von Vilma Costetti, Monica Rinaldino:
- Sophie und das Gewitter
- Sophie und das rote Kleid
- Oskar hüpft auf dem Sofa
- Sophies Kuscheltag

Kontakte/Internetseiten

- Marion Müller (marion@villa-leipzig.de) und Norman Pörschmann (norman@villa-leipzig.de) Soziokulturelles Zentrum Die VILLA, Lessingstraße 7, 04109 Leipzig
- www.gewaltfrei.de, www.gewaltfreies-leipzig.de

10. Rollen

Figur	Beschreibung	Requisiten	Anzahl der Personen
Giraffenkind	Das Kind begleitet die Giraffe durch das Theaterstück, es ist neu im Kindergarten, allein ohne Eltern und ohne Freunde.	Giraffe, Schminke, Kostüm	1
Kindergartenkinder	Die Kinder sind eine typische Kindergartengruppe.	ganz normale Kleidung	10
Beobachter	Der Beobachter fängt die Stimmung für das Publikum ein und verkündet dieses.	Fernglas, schlichte Kleidung	1
Ideenfee	Die Ideenfee gibt Impulse für das Stück und ist Orientierung für die Kinder, Gefühle oder Bedürfnisse.	Flügel, Kleid, Schminke, Zauberstab	1
Gefühle: • ängstlich • froh • wütend • hungrig • müde	Zeigen die jeweiligen Gefühle, die bei einem Kind oder der Giraffe gerade aktuell sind bzw. vom Beobachter verkündet werden.	Textschilder, Bild, Schminke, Schilder in farblicher Zuordnung zu den Bedürfnissen	10
Bedürfnis: • Geborgenheit • Spiel • Gerechtigkeit, Beteiligung • Essen, Nahrung • Schlaf	Zeigen die jeweiligen Bedürfnisse, die bei einem Kind oder der Giraffe gerade aktuell sind bzw. vom Beobachter verkündet werden.	Textschilder, Bild, Schminke, Schilder in farblicher Zuordnung zu den Gefühlen	10
Erzähler	Der Erzähler gibt Impulse im Stück und dient an manchen Stellen zur Orientierung für die Kinder.	vielleicht ein Buch, Obstteller, Geräuschdinge	1

11. Anfangsbild

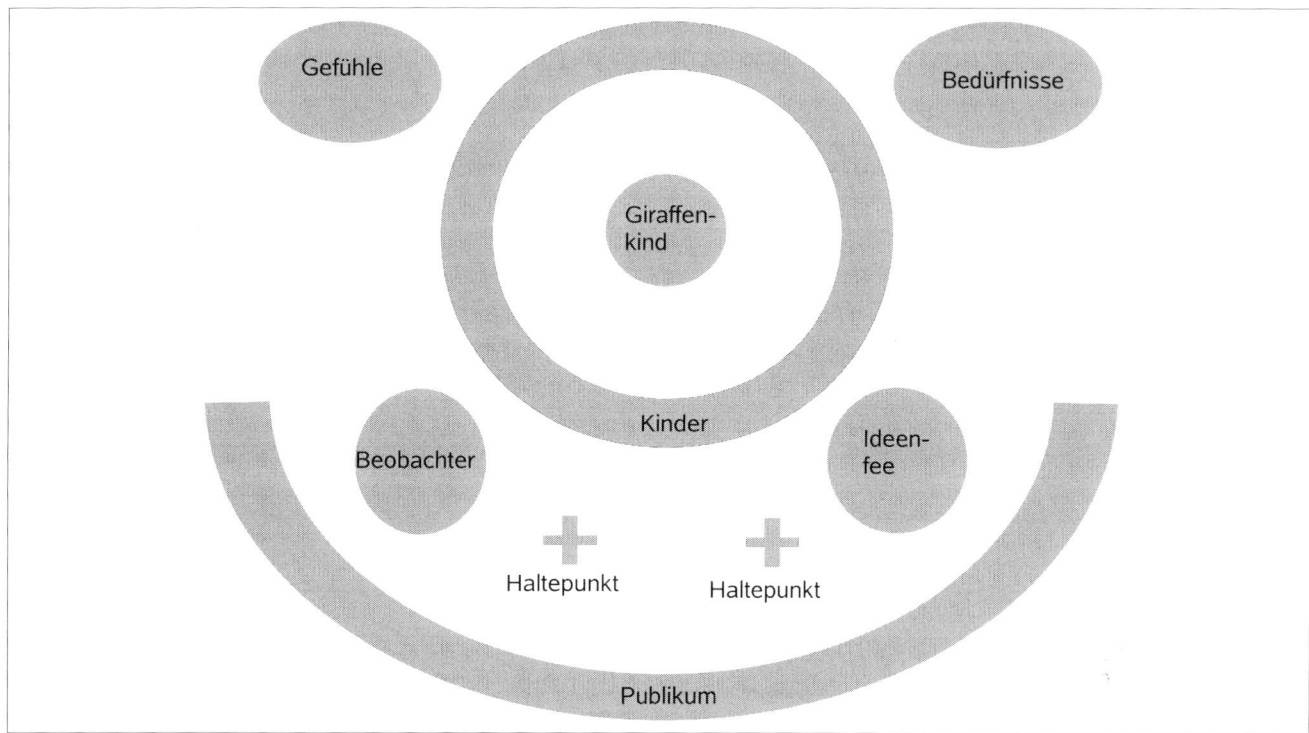

- Das Giraffenkind sitzt mit der Giraffe in der Mitte der Spielfläche.

- Alle anderen Kinder sitzen, stehen oder liegen in einem gewissen Abstand um das Giraffenkind.

- Der Beobachter steht links vorne außen.

- Die Ideenfee steht rechts vorne außen.

- Die Gefühle stehen hinten links außen.

- Die Bedürfnisse stehen hinten rechts außen.

12. Ablauf

1. Akt

1. Szene

Erzähler
- eröffnet das Theaterstück: *„Herzlich willkommen zum Theaterstück – Als die Giraffe in den Kindergarten kam."*

Kinder
- eines der Kinder ruft laut: *„He seht mal, da ist eine Giraffe!"*
- die anderen Kinder wenden ihren Blick zur Giraffe;
- alle Kinder nähern sich der Giraffe und bilden einen kleineren Kreis um sie
- die Kinder bleiben in ihrer Position

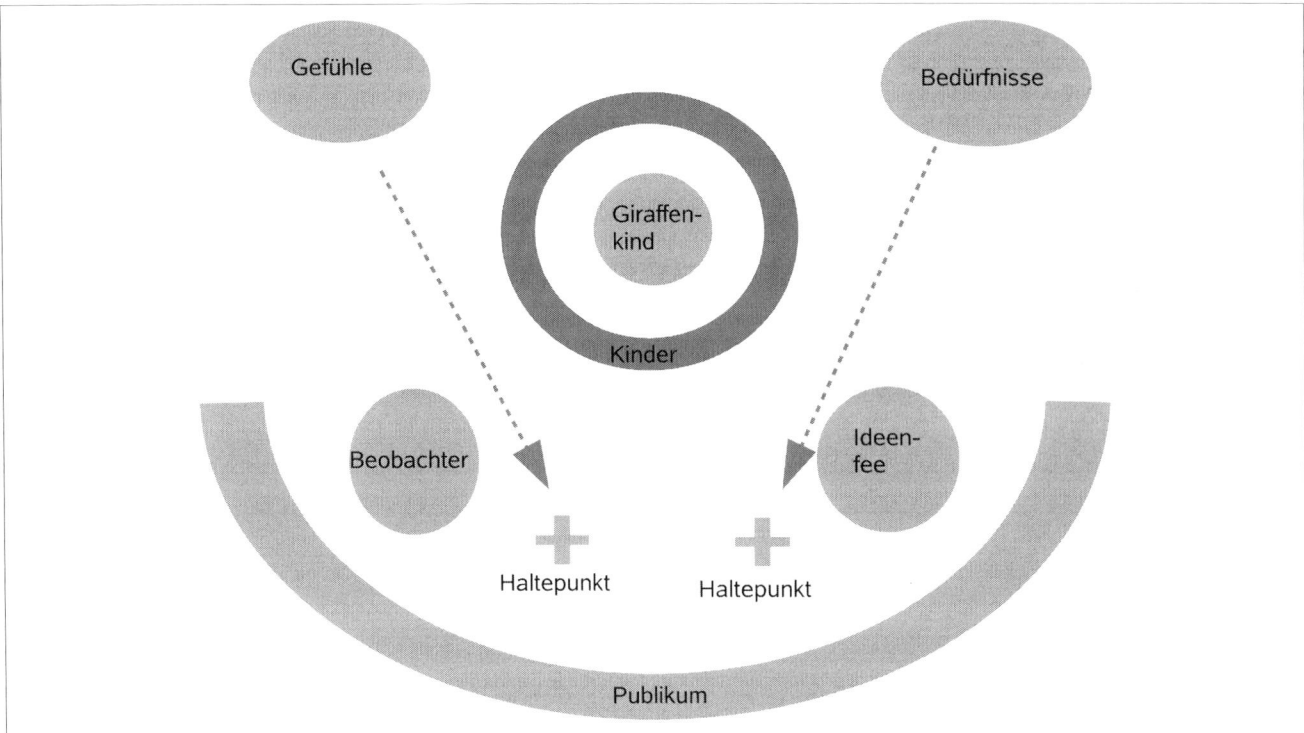

2. Szene:

Giraffenkind
- das Giraffenkind schaut ängstlich

Beobachter
- der Beobachter wendet sich zum Giraffenkind sieht es an und spricht anschließend zum Publikum:
  „Ich glaube, das Giraffenkind hat Angst."

Die Gefühle
- Wenn der Beobachter zum Publikum spricht, laufen die Gefühlskinder „Angst" mit ihren Schriftschildern zum Haltepunkt (Sitzkissen), nehmen dort Platz und halten ihr Schilder zum Publikum.

Ideenfee
- Nachdem die Gefühlskinder angekommen sind, dreht sich die Ideenfee zu den Kindern und fragt:
  „Was könnte die Giraffe denn brauchen, um nicht mehr ängstlich zu sein?"

Kinder

- Die Kinder überlegen (z. B. Kopf kratzen, Finger ans Kinn halten), sehen dabei zum Giraffenkind und rufen dann: „*Vielleicht brauchst du Freunde oder Geborgenheit oder Sicherheit!*"

Die Bedürfnisse

- Wenn die Bedürfnisse genannt werden laufen die jeweiligen Bedürfnis-Kinder mit ihren Schildern zum anderen Haltepunkt und halten ihr Schilder zum Publikum.

Giraffenkind

- Wenn das Giraffenkind die Bedürfnisse hört, wandelt sich sein Ausdruck von ängstlich zu fröhlich und es beginnt zu nicken.

Kinder

- Ein Kind sagt laut zu den anderen Kindern: „*Wir können uns ja alle einfach mal vorstellen!*"
- Jedes Kind geht zur Giraffe und stellt sich vor. Zum Beispiel:
  Ich bin der Niclas und mache am liebsten einen Kopfstand."
  … das nächste Kind ist an der Reihe …
- Das letzte Kind stellt sich vor und sagt: „*Ich bin die Sophie und spiele gern Ball.*"
  und fragt die Giraffe: „*Hast du Lust mitzuspielen?*"

Giraffenkind

- Wenn das Giraffenkind diese Einladung hört, freut es sich und nickt fleißig mit dem Kopf.

Kinder

- Sie teilen sich in zwei Gruppen. Eine Gruppe spielt mit dem **Giraffenkind** Fangeball, die andere Gruppe ohne Giraffenkind spielt Fußball.

Die Gefühle

- Wenn die Kinder mit dem Spielen anfangen, läuft das Gefühlskind „Glücklich" zum Haltepunkt und anschließend die Bedürfnisse „Spiel" zum anderen Haltepunkt.

Ende des ersten Aktes

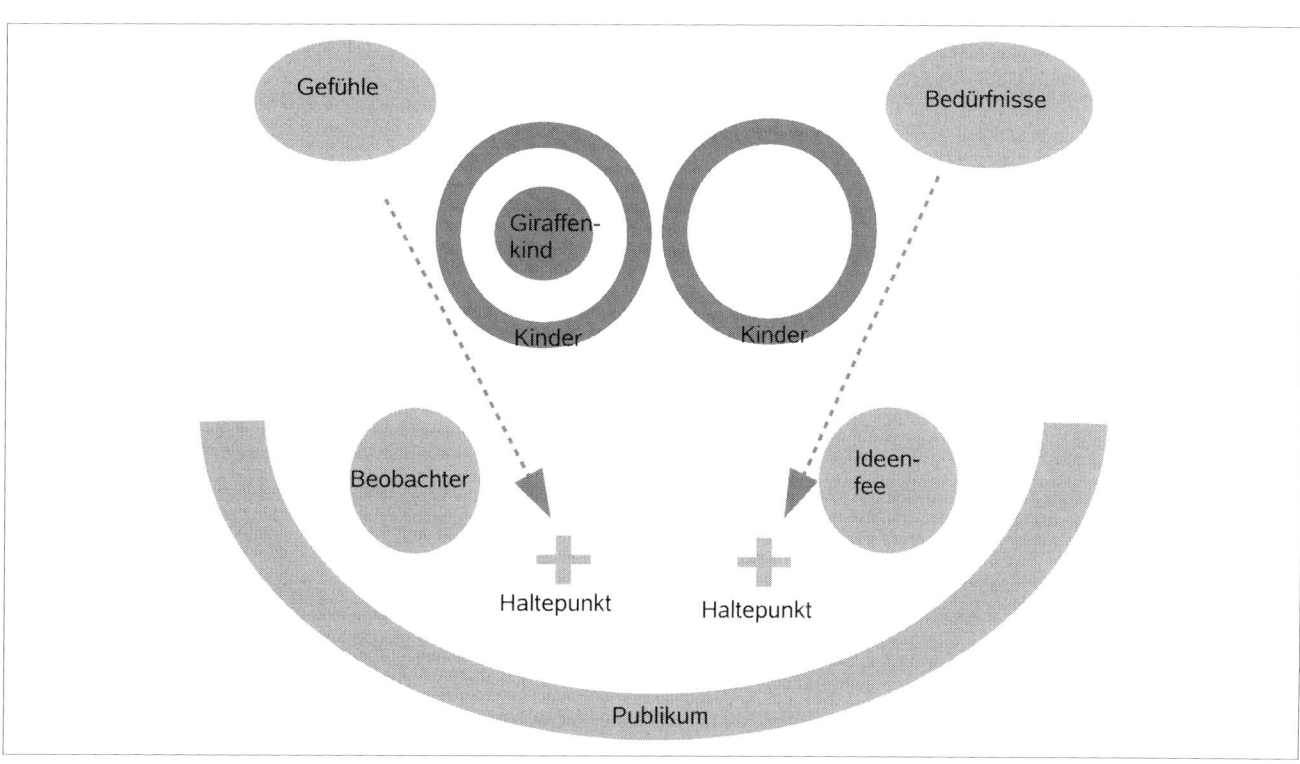

2. Akt

1. Szene

Erzähler

- Der Erzähler erzeugt ein lautes Geräusch (z. B. einen Donner).

Kinder ohne Giraffenkind

- Diese Kindergruppe fängt an zu den anderen herüber zusehen und beginnt zu streiten.
- Mehrere Kinder sagen: *„Das ist gemein, wir wollen auch mit dem Giraffenkind spielen.", „Bei uns sind viel zu wenige, die mit Fußball spielen"* oder ähnliche Sätze …

Beobachter

- Der Beobachter wendet sich zum Giraffenkind, sieht es an und spricht anschließend zum Publikum:
  „Ich glaube einige Kinder sind ärgerlich, weil sie noch nicht mit dem Giraffenkind spielen konnten."

Die Gefühle

- Wenn der Beobachter zum Publikum spricht, laufen die Gefühlskinder „Ärgerlich" mit ihren Schriftschildern zum Haltepunkt (Sitzkissen), nehmen dort Platz und halten ihr Schilder zum Publikum.

Ideenfee

- Nachdem die Gefühlskinder angekommen sind, dreht sich die Ideenfee zu den Kindern und fragt:
  „Was könntet ihr brauchen, damit ihr nicht mehr ärgerlich seid?"

Kinder ohne Giraffenkind

- Diese Kindergruppe überlegt und sagt dann:
  „Wir wollen auch mal mit dem Giraffenkind spielen, das wäre gerecht."

Die Bedürfnisse

- Wenn die Kinder diesen Satz sagen, laufen die **Bedürfniskinder** „Mitbestimmung, Beteiligung" mit ihren Schildern zum anderen Haltepunkt und halten ihr Schilder zum Publikum.

Die Kinder und das **Giraffenkind** bilden wieder einen losen offenen Kreis.

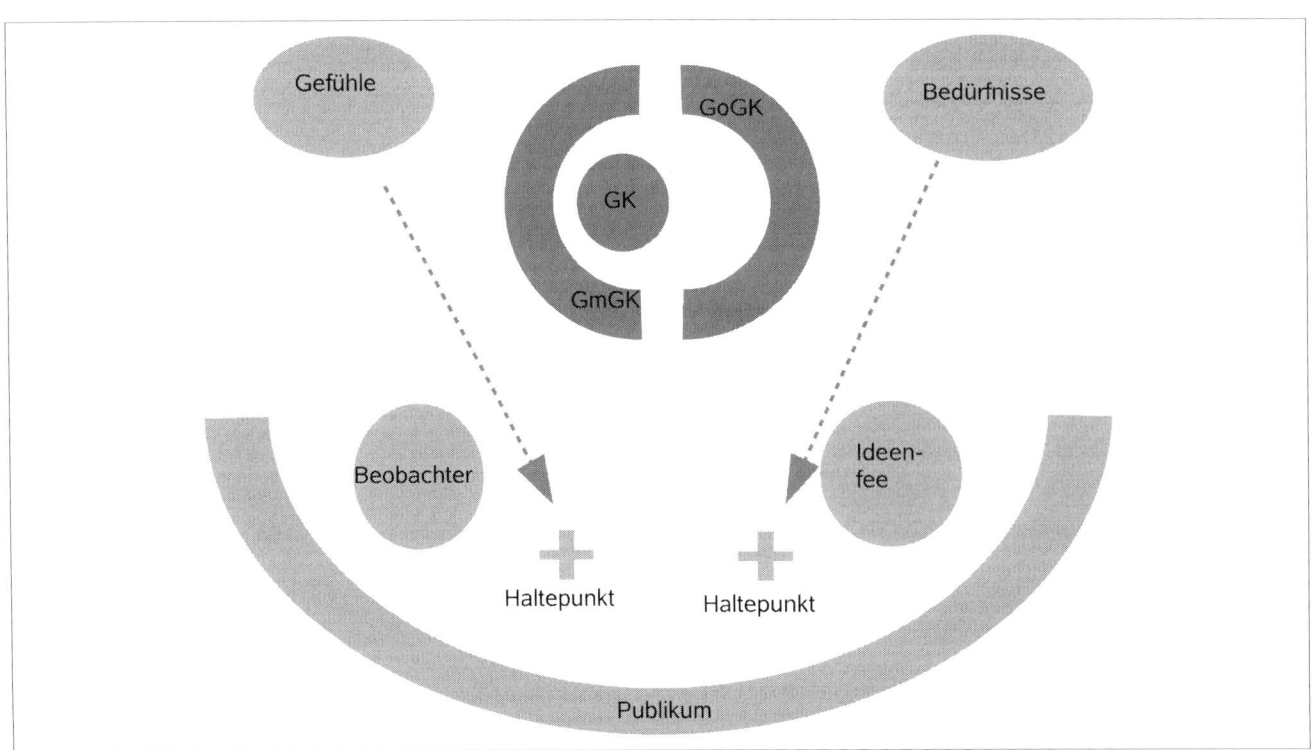

2. Szene

Dialog zwischen den zwei Kindergruppen

- Die Kindergruppen versuchen den Streit zu lösen es geht hin und her.
  (GmGK=Gruppe mit Giraffenkind, GoGK= Gruppe ohne Giraffenkind)

GmGK:	*„Wir wollen aber weiter mit dem Giraffenkind spielen."*
GoGK:	*„Wir wollen aber auch …"*
GmGK:	*„Wir wollen auch Fußball spielen."*
GoGK:	*„… aber unseren Ball bekommt ihr nicht."*
GK sagt ganz laut:	*„Stopp. Ich möchte mit euch allen spielen."*
GoGK:	*„Dann lasst uns doch alle Fußball spielen."*
Alle Kinder sagen laut:	*„Ja.", „Juhu."*

Kinder und Giraffenkind

- Alle spielen gemeinsam kurz Ball miteinander.

Ende des zweiten Aktes

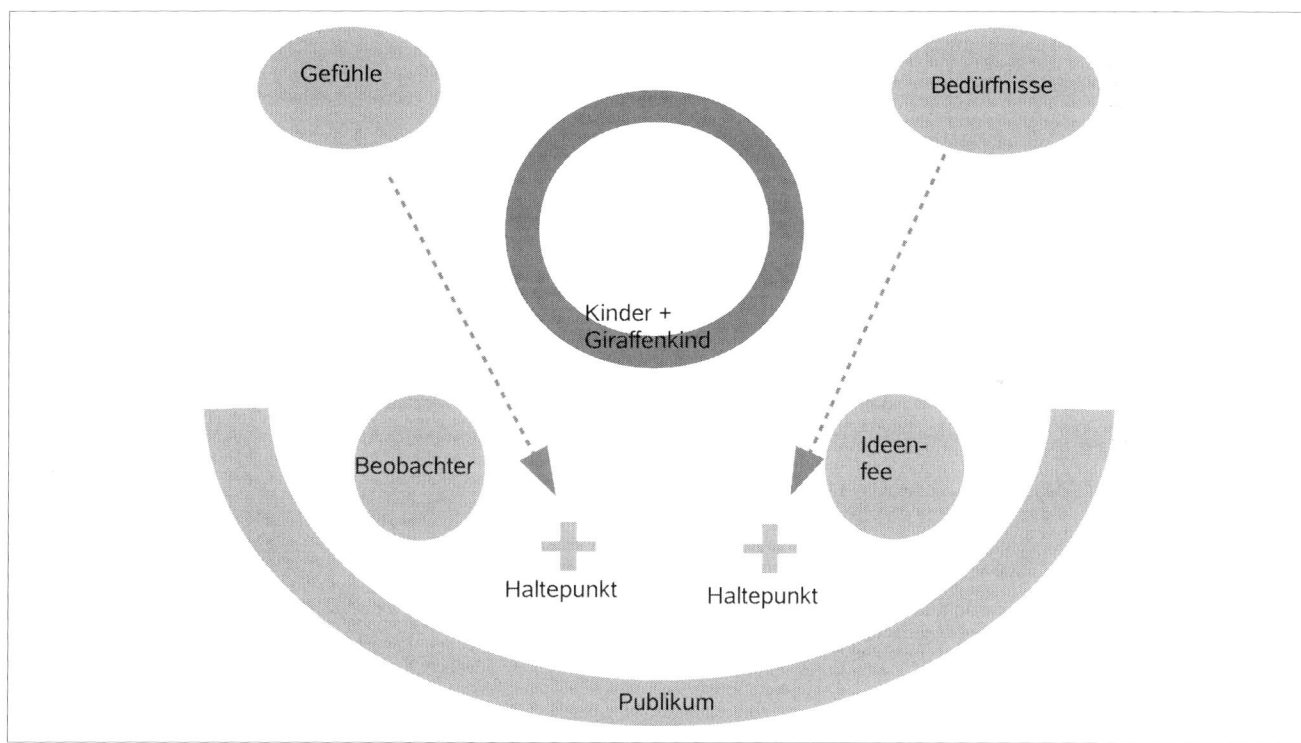

3. Akt

1. Szene

Erzähler
- Der Erzähler erzeugt ein lautes Geräusch (Glocke läuten).

Kinder und Girafffenkind
- Nach dem Geräusch nimmt das Giraffenkind den Ball und sagt laut zu den anderen Kindern: *„Jetzt habe ich aber Hunger!"*
- Alle anderen Kinder erwidern: *„Ich auch …"*

Die Gefühle
- Nachdem die Kinder ihr Gefühl „hungrig" ausgesprochen haben, laufen die Gefühlskinder „Hunger" mit ihren Schriftschildern zum Haltepunkt (Sitzkissen), nehmen dort Platz und halten ihr Schilder zum Publikum.

Die Bedürfnisse
- Gleich im Anschluss machen sich die Bedürfniskinder „Essen, Nahrung" auf den Weg, laufen mit ihren Schildern zum anderen Haltepunkt und halten ihr Schilder zum Publikum.

Kinder und Giraffenkind
- Alle Kinder setzen sich hin.

Erzähler
- Der Erzähler bringt einen Teller mit z.B. Obst in die Runde.

Kinder
- Ein Kind nimmt den Teller entgegen und verteilt das Essen unter allen Kinder im Kreis.

2. Szene

Kinder und Giraffenkind
- Nachdem die Kinder aufgegessen haben, sagt ein Kind laut zu den anderen Kindern: *„Ich bin ganz schön müde!"*
- Alle anderen Kinder erwidern: *„Ich auch …"*
- Die Kinder legen sich hin. Ein Kind auf den Bauch des anderen … (so entsteht ein schönes Bild)

Die Gefühle
- Während sich die Kinder hinlegen, laufen die Gefühlskinder „Müde, Erschöpft" mit ihren Schriftschildern zum Haltepunkt (Sitzkissen), nehmen dort Platz und halten ihr Schilder zum Publikum.

Die Bedürfnisse
- Gleich im Anschluss machen sich die Bedürfniskinder „Schlaf, Entspannung" auf den Weg, laufen mit ihren Schildern zum anderen Haltepunkt und halten ihr Schilder zum Publikum.

Ende des dritten Aktes

4. Akt

1. Szene

Erzähler
- Der Erzähler erzeugt ein lautes Geräusch.

Kinder und Giraffenkind
- Nachdem die Kinder diese Geräusch gehört haben, stehen sie auf.
- Jeder wird auf seine Weise wach, reckt und streckt sich oder gähnt …
- Alle Kinder stellen sich in einer Reihe oder einem Halbkreis auf.

Giraffenkind und Kinder
- Das Giraffenkind tritt etwas aus der Reihe hervor und zählt die Dinge auf, die es im Kindergarten erlebt und gelernt hat (kurz): *„Ich habe hier Freunde gefunden, gespielt und einen Streit gelöst …"*

Giraffenkind und Kinder
- Nachdem alle Kinder ihre Wertschätzung mitgeteilt haben, tritt das Giraffenkind nach vorne und sagt: *„Jetzt habe ich Lust mehr zu entdecken. Ich möchte gerne lesen, schreiben und rechnen lernen und ich habe gehört, dies alles kann man in der Schule. Da möchte hin! Wer von euch möchte mit mir kommen!"*
- Die entsprechenden Schulkinder rufen gemeinsam laut: *„Ja!"*
- Alle Schulkinder fassen sich an den Händen und verlassen die Bühne.

Ende des Stückes

Alle Theaterkinder stehen auf und stellen sich in eine Reihe, verbeugen sich zum Publikum hin.

Tosender Applaus …

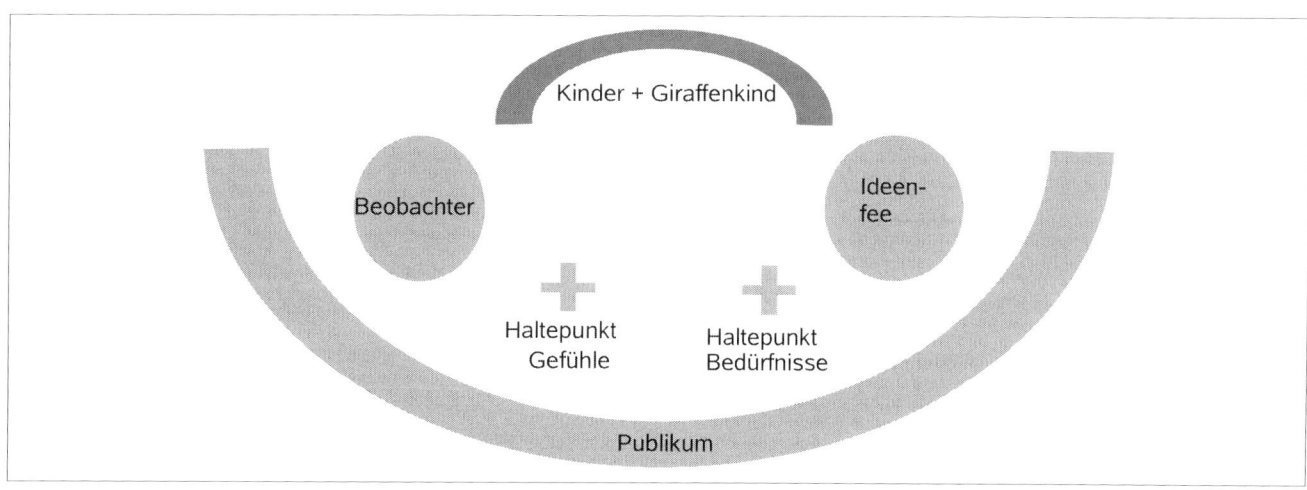

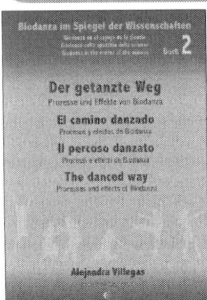